# L'Œil de la Sagesse

# L'Œil de la Sagesse

## Discours sur la spiritualité

Swami Ramakrishnananda Puri

Mata Amritanandamayi Center, San Ramon
Californie, États-Unis

# L'Œil de la Sagesse

Discours sur la spiritualité
par Swami Ramakrishnananda Puri

*Publié par* :
Mata Amritanandamayi Center
P.O. Box 613
San Ramon, CA 94583
États-Unis

————————————— *Eye of Wisdom (French)* ——————————

*Première édition par le Centre MA* : septembre 2016

*En France :*
Ferme du Plessis
28190 Pontgouin
www.ammafrance.org

*En Inde :*
www.amritapuri.org
inform@amritapuri.org

# Dédicace

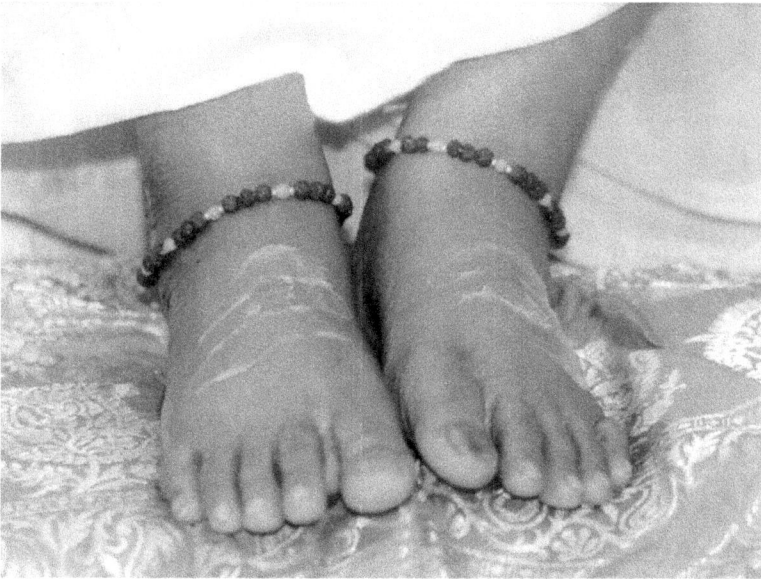

*J'offre humblement ce livre aux pieds de lotus*
*de mon satguru bien-aimé,*
*Sri Mata Amritanandamayi.*

*sarvagaṁ saccid-ātmānaṁ jñāna-cakṣurnirīkṣate*
*ajñāna-cakṣurnekṣeta bhāsvantaṁ bhānum-andhavat*

« Celui qui possède l'œil de la sagesse voit l'Atman, c'est-
à-dire l'existence-conscience-omniprésence.

Celui dont la vision est obscurcie par l'ignorance
ne le perçoit pas, exactement comme un aveugle ne voit
pas le soleil qui brille. »

– Atma Bodha Dipika (65)

# Table des matières

# Préface

Il y a environ deux ans, pendant le Tour d'Australie, je parlais à quelques dévots pendant qu'Amma donnait le darshan un peu plus loin. Soudain, elle m'a appelé auprès d'elle. Quand je me suis approché, elle m'a lancé des pétales de fleurs en guise de bénédiction et m'a demandé : « C'est ton anniversaire aujourd'hui, n'est-ce pas ? »

Je lui ai répondu que franchement, je n'en savais rien. En Inde, nous avons une étoile de naissance en plus de notre date de naissance. Le jour de notre étoile de naissance revient une ou même deux fois par mois. Nous fêtons notre anniversaire le jour de notre étoile pendant le mois de notre naissance. La date précise de l'anniversaire change donc d'une année sur l'autre. Si j'avais effectivement mentionné, il y a bien longtemps, le nom de mon étoile de naissance devant Amma, je n'avais en tout cas jamais parlé de mon anniversaire à quiconque. J'avais beau avoir eu la preuve de l'omniscience d'Amma à de nombreuses reprises au cours de toutes ces années, j'ai tout de même été surpris qu'elle connaisse la date de mon anniversaire et profondément ému, qu'elle y pense. Tandis qu'elle me donnait le darshan et m'offrait une pomme, je me suis souvenu d'un passage des Écritures où il est dit qu'un véritable maître peut voir le passé, le présent et l'avenir de tous les êtres vivants. Amma ne ferait jamais une déclaration aussi arrogante à son sujet, mais elle m'adressait un petit clin d'œil pour me faire comprendre qu'elle ne ratait jamais une mesure, qu'elle n'en avait jamais raté aucune.

C'est à ce moment-là que j'ai envisagé d'écrire un livre sur la façon dont Amma voit le monde. Bien sûr, je ne prétends pas être un expert en la matière, car qui pourra jamais vraiment comprendre ou expliquer exactement comment quelqu'un d'autre voit le monde ? Et la tâche se complique d'autant plus quand il s'agit de décrire la vision d'un maître spirituel de l'envergure d'Amma. Cependant, après trente ans passés auprès d'elle, à rester assis à ses pieds ou à l'observer de loin, à recevoir ses conseils sur des sujets petits ou grands, j'ai le sentiment de pouvoir apporter ma contribution même partielle dans ce domaine. Grâce à des allusions, à la réflexion et à l'expérience, je me suis mis à assembler les pièces du puzzle. Je suis convaincu d'une chose : la vision d'Amma se situe bien au-delà de notre compréhension, au-delà de tout ce que nous pouvons imaginer, au-delà de toute *chose* ; cette vision qui est au-delà des mots, Amma tente pourtant de nous l'expliquer ; à nous d'essayer de comprendre.

Dans la *Bhagavad Gita* (2.29), Sri Krishna dit :

*aścaryavat paśyati kaścid-enam*
*āścaryavad vadati tathaiva cānyaḥ*
*āścaryavaccainam anyaḥ śṛṇotī*
*śrutvāpyenaṁ veda na caiva kaścit*

Certains voient l'Atman (le Véritable Soi) comme une merveille, d'autres en parlent comme d'une merveille, d'autres encore entendent parler de lui comme d'une merveille ; cependant, bien qu'on en ait entendu parler, nul ne le comprend.

Lors du tout dernier Tour d'Amérique du Nord, après le darshan du matin, nous sommes allés chez un dévot à Seattle pour y attendre le programme du soir. L'appartement donnait sur un lac magnifique derrière lequel se dressait la cime enneigée du Mont Rainier. En voyant ce panorama, l'intendante personnelle d'Amma a laissé la fenêtre ouverte afin qu'Amma aussi puisse en admirer la beauté. Quand Amma est entrée dans la pièce, son intendante a essayé de lui faire regarder le paysage, mais elle n'a pas levé les yeux de la lettre qu'elle lisait.

« Amma, s'il te plaît, jette juste un coup d'œil, cela ne te prendra même pas une minute. C'est si beau !

— L'intérieur est aussi magnifique que l'extérieur », a finalement répondu Amma.

En vérité, rien n'est plus beau ni plus délicieux que l'Atman. Un véritable maître comme Amma qui est établi dans le Soi, n'a besoin de rien d'autre.

Swami Ramakrishnananda Puri
Amritapuri, 27 septembre 2007

# Sri Mata Amritanandamayi

# Une introduction

Sri Mata Amritanandamayi Dévi, ou Amma (la Mère), nom populaire sous lequel elle est connue généralement, a conquis le cœur de millions de gens à travers le monde. Ses actions motivées par un amour hors du commun et l'extraordinaire sacrifice qu'elle fait d'elle-même sont irrésistibles. Elle caresse tendrement ceux qui s'approchent d'elle, les serre affectueusement contre son cœur et offre son amour infini à tous les visiteurs, sans se préoccuper de leur statut, de leurs croyances ni des raisons qui les ont fait venir à elle. C'est de cette manière toute simple et pourtant puissante qu'elle transforme la vie d'innombrables personnes et les aide à ouvrir leur cœur à chaque fois qu'elle les étreint. En 36 ans, Amma a physiquement serré dans ses bras plus de 26 millions de personnes venues du monde entier.

Son infatigable dévouement à aider les autres a inspiré un vaste réseau d'activités caritatives qui permet aux volontaires de ressentir une profonde paix et une grande satisfaction intérieure à servir de manière désintéressée. Amma enseigne que le divin existe en toutes choses, dans les êtres animés et inanimés. Percevoir cette unité sous-jacente est à la fois l'essence de la spiritualité et le moyen d'éliminer la souffrance.

Les enseignements d'Amma ont une portée universelle. Si on lui demande à quelle religion elle appartient, elle répond : « Celle de l'Amour ». Elle ne nous demande pas de croire en Dieu, ni de renier notre foi, mais simplement de nous interroger sur notre véritable nature et d'avoir confiance en nous.

# Chapitre 1

# L'Acuité Visuelle à Cent pour Cent

*« Chacun croit que le monde finit là où s'arrête son champ de vision. »*

– Arthur Schopenhauer

Il y a tant de solitude et de divisions dans le monde actuel que nous finissons par trouver cela normal. Et pourtant, nous ne repoussons pas l'idée d'une civilisation parfaite qui aurait existé dans un lointain passé ou qui reviendrait dans un avenir pas si lointain. Nous avons tous entendu parler du mythe de l'Atlantide, une île à jamais engloutie sous la mer, ou bien de la légende de Shangri-la, cette vallée complètement isolée du reste du monde où règneraient la paix et l'harmonie, ou encore de l'âge d'or chanté par les poètes grecs. Quant aux Puranas hindoues, elles divisent l'histoire de l'humanité en quatre yugas (Âges.) Le plus ancien, le Satya Yuga (l'Âge de la Vérité), correspond à une période où les êtres humains vivaient en parfaite harmonie les uns avec les autres et avec la Nature. C'était l'époque de la paix suprême. Le Satya Yuga n'est pas un mythe. L'Âge de la Vérité a vraiment existé il y a très longtemps.

Nous aspirons tous à un monde sans guerre, sans trouble social, sans corruption, sans pauvreté ni famine. Mais, ironie du sort, ces calamités font aujourd'hui la une des journaux de tous les pays. Il y a un fossé énorme entre nos idéaux humanitaires et la réalité du monde qui nous entoure.

La technologie moderne a transformé la Terre en un village planétaire. Mais il y a tant de gens sur cette planète, avec tant d'intérêts, de buts et d'idéaux contradictoires que le plus grand défi de notre époque consiste simplement à apprendre à vivre en harmonie les uns avec les autres. Si la technologie a réduit les distances du monde, elle ne peut pas résoudre les conflits idéologiques et culturels engendrés par ce nouveau voisinage. Au train où vont les choses, la boutade de Ralph Waldo Emerson : « La race humaine finira par mourir de la civilisation », pourrait se révéler prophétique, ce que personne, en son temps, n'aurait imaginé possible.

La discorde règne non seulement entre les nations et les peuples, mais aussi entre les membres proches d'une même famille. Dans un magazine, je suis tombé sur cette lettre écrite par une fillette :

> « *Cher Bon Dieu,*
> *Je pense que c'est très difficile pour Toi d'aimer tout*
> *le monde. Car dans ma famille, il n'y a que quatre*
> *personnes, et je n'arrive pas toujours à les aimer toutes.* »

« Dans une famille de quatre personnes, chacun vit comme sur une île déserte. Il n'y a pas de communication profonde et sincère entre elles », dit Amma. Et elle raconte l'histoire suivante :

« Une famille de trois personnes possède une seule voiture. Un soir, le père veut aller au cinéma, la mère, faire des courses et le fils, assister à un concert. Chacun essaie de convaincre les deux autres de faire ce qu'il veut. Ils finissent par se disputer, tant et si bien que personne ne désire plus aller où que ce soit. En fait, la solution serait simple : le fils pourrait déposer son père au cinéma et sa mère au centre commercial, avant d'aller au concert et il pourrait passer les reprendre, à son retour, mais comme aucun des trois ne cherche à reconnaître le bien fondé du désir des deux autres, la solution leur échappe. »

Certains sont capables d'avoir une vision globale des choses en se plaçant dans une macro-perspective, mais ce genre de perception panoramique les amène souvent à négliger les petites choses qui font toute la différence : un sourire affectueux, une parole qui console ou une action désintéressée. Ils aiment certainement l'humanité, mais ils détestent les gens.

D'autres ont tendance à adopter une micro-perspective, à regarder la vie par le petit bout de la lorgnette, mais à force de se préoccuper des détails, ils n'aboutissent qu'à une vision étriquée des choses. Ils se concentrent trop sur une seule tâche ou un seul domaine, sans tenir compte de leur interdépendance avec le reste de l'univers.

Voici une histoire qu'Amma raconte à ce sujet :

Un jour, on demande à un nouvel employé de tracer les lignes blanches au milieu d'une autoroute. Le premier jour, il trace neuf kilomètres, le lendemain, quatre kilomètres, et le jour suivant, moins d'un seul. Quand le contremaître lui demande pourquoi il trace de moins en moins de ligne, le nouveau-venu explique avec une mine frustrée : « Je fais ce que je peux ! Je m'éloigne de plus en plus du pot de peinture. »

De même, nous n'envisageons le monde que selon notre propre point de vue, en ignorant celui d'autrui. À la différence d'Amma qui, elle, voit tout ; sa conscience se déploie en même temps vers chaque individu sans en oublier un seul puisque tous font partie de ce tout. Cette vision holistique ou *samashi drishti*, ne consiste pas simplement à se concentrer sur l'ensemble plutôt que sur les détails. Elle repose sur le principe spirituel fondamental selon lequel la Conscience Suprême imprègne tout l'univers sous la forme du Fil Unique de La Vie, le *Sumatra*, qui relie tous les êtres et toutes les choses. « L'amour est la manifestation du véritable Soi, dit Amma. C'est l'amour qui relie toute la création par un même fil. C'est pourquoi on dit que Dieu est amour. »

Dans la *Bhagavad Gita* (7.7), Sri Krishna dit :

*mattaḥ parataram nānyat kimcid asti dhanamjaya*
*mayi sarvam idam protam sūtre maṇigaṇā iva*

Il n'y a absolument rien de supérieur à Moi,
Ô Dhananjaya.
Tout est relié en Moi, comme les pierres précieuses par le fil du collier.

Dans l'universalité de sa perspective, Amma voit que les problèmes qui apparaissent dans le monde ne sont que les manifestations tangibles de problèmes situés dans le mental de chaque être humain en particulier. Nous oublions souvent que le tout est composé de plusieurs parties et que le monde est fait de chacun d'entre nous. « La société est faite d'individus, nous dit Amma, et ce sont les conflits intérieurs des individus qui se manifestent ouvertement sous forme de guerres. Quand les individus changent, la société change automatiquement. Tout comme notre mental peut nourrir la haine et l'esprit de vengeance, il peut aussi cultiver la paix et l'amour. » Dans son discours à l'O.N.U. en 2000, Amma a fait observer que les conflits qui divisent la société viennent des conflits qui existent à l'intérieur des individus.

C'est donc le mental de chaque individu qui joue un rôle déterminant dans la qualité de notre monde. C'est dans le cœur des êtres humains que sont cachées les graines invisibles des problèmes concrets du monde. Ainsi, lorsqu'on traite les symptômes sociaux les plus évidents, il est également important d'examiner la source de ces problèmes qui est à l'intérieur de nous-mêmes. Si nous pouvons résoudre le conflit dans notre mental, alors, partout, les êtres humains connaîtront plus de paix et de prospérité.

Quand on va passer des tests d'acuité visuelle, on nous montre un tableau de lettres et de chiffres situé à l'autre bout de la pièce. Puis notre vue est évaluée en fonction de ce que nous lisons en nous plaçant à une distance d'environ six mètres. Notre capacité est établie par rapport à ce que verrait une personne douée d'une vue parfaite et placée à la même distance. On appelle cette méthode de mesure « la fraction Snellen », car en 1863, c'est l'ophtalmologiste Herman Snellen qui l'a mise au point. Depuis, tout le monde admet que la fraction Snellen 20/20 indique une capacité visuelle idéale.

Snellen a déterminé la taille des lettres sur son panneau en comparant la vision d'un grand nombre de ses patients avec celle de son assistant qui était capable de très bien voir de loin. Toutefois l'histoire ne dit pas selon quel critère Snellen a jugé que son assistant avait une vue « parfaite ». Ce qui signifie que notre référence en matière de vision est basée sur l'acuité visuelle d'un seul individu, choisi plus ou moins arbitrairement parce qu'il faisait partie de l'entourage du savant qui a mis au point ce système de mesure. Et pourtant, tout le monde accepte les mesures de Snellen comme référence objective en matière d'acuité visuelle.

De la même façon, nous ne remettons pas en question notre regard sur le monde, bien que nous sachions combien nos sens sont limités. Même dans le rayon immédiat de notre corps physique, il y a une multitude de choses dont nous n'avons pas conscience. À bien des égards, les chiens sont plus conscients de leur environnement que nous. Ils sont capables de percevoir clairement des sons dont la fréquence n'est pas détectée par l'oreille humaine. Ils captent également tout un éventail d'odeurs auxquelles nous ne sommes pas sensibles. En Inde, on dit que les chiens voient des êtres subtils que nous ne pouvons pas distinguer. Voilà pourquoi ils aboient parfois sans raison apparente .

En 2004, lorsque le Tsunami a frappé l'Asie, il n'y a eu que peu de victimes parmi les animaux en comparaison du nombre d'êtres humains qui ont été blessés ou tués. Dans tout le Sud de l'Inde, les animaux semblent avoir senti venir la catastrophe et s'être réfugiés sur les hauteurs. Dans plusieurs endroits, des touristes qui se trouvaient dans des réserves naturelles ont observé des éléphants se diriger vers les montagnes et ont jugé plus prudent de les suivre. C'est cette décision qui leur a sauvé la vie.

Il est clair que les animaux ont leurs sens plus aiguisés que les nôtres. Il y a certainement aussi parmi les humains des individus qui possèdent des capacités plus développées que la moyenne. Et s'il se peut, par exemple, que des humains aient une vue meilleure que celle de l'assistant de Herman Snellen, n'est-il pas également possible que certains êtres puissent porter un regard plus subtil sur le monde que nous ?

Amma contemple le monde dans une perspective bien plus large, bien plus efficace et plus salutaire que la nôtre. En chacun, elle voit sa propre conscience. « Vous n'êtes pas différents de moi, dit-elle. Vous et moi sommes un. » Grâce à cette vision, Amma reste parfaitement sereine dans toutes les situations et elle est capable de communiquer cette paix à tous ceux qu'elle rencontre. Lorsqu'on ne perçoit aucune différence entre les autres et soi-même, comment pourrait-on les haïr ? Comment pourrait-on les juger ? On ne peut que les aimer. Considérant tous les êtres comme des prolongements d'elle-même, Amma ne peut que tendre la main vers eux pour les caresser et les réconforter. Sous des différences extérieures apparentes, il y a une Conscience unique. « Quelle que soit la couleur d'une vache, son lait est toujours blanc, explique Amma. De même, quels que soient le milieu culturel et le caractère d'une personne, la Conscience est la même en tous. » Cette unité perçue par Amma constitue, en fait, l'essence de la spiritualité. C'est l'expérience qu'elle nous souhaite à tous de faire, car elle sait que c'est seulement en percevant cette réalité que nous trouverons la paix intérieure en tant qu'individus et dans le monde.

Dans une société troublée par tant de violence, de haine et de conflits religieux ou culturels, la perspective des *mahatmas*[11] qui est celle de l'unité sous-jacente n'est-elle pas meilleure que celle de nos différences et de nos divisions ? Je crois que ce sont les mahatmas qui ont la vision juste, parfaite, la vision 20/20, et que c'est sur leur précieux modèle que nous devrions tous calquer notre façon d'envisager la vie, afin d'élargir notre perspective et voir le monde, et nous-mêmes, avec une clarté cristalline.

---

[1] Littéralement, "grande âme". Bien que le terme soit maintenant utilisé dans un sens plus large, dans ce livre, *mahatma* se réfère à celui qui est établi dans la conscience de son unité avec le Soi ou Atma.

# Chapitre 2

## Châteaux de Sable et Châteaux de Pierre

*« La réalité n'est qu'une illusion, mais que cette illusion est tenace ! »*

– Albert Einstein

*« J'ai rêvé que j'étais un papillon qui voletait dans le ciel ; puis, je me suis réveillé. Maintenant je me demande : suis-je un homme qui a rêvé qu'il était un papillon, ou bien un papillon en train de rêver qu'il est un homme ? »*

– Tchouang Tseu

Un pilote d'avion a eu de bons résultats aux examens périodiques de contrôle d'acuité visuelle en apprenant par cœur les panneaux des lettres à déchiffrer. Un jour, son médecin utilise une nouvelle grille que le pilote n'a jamais vue. Tandis qu'il récite de mémoire l'ancien panneau, la dame qui l'examine se rend compte qu'elle a été bernée lors des précédentes visites médicales.

En fait, le pilote s'avère presque aveugle. L'ophtalmologiste ne peut contenir sa curiosité : « Je me demande comment vous arrivez à piloter un avion avec une vue aussi mauvaise !

— Oh ! Vous savez, tout est automatisé de nos jours. L'ordinateur de la cabine de pilotage connaît notre destination. Tout ce que j'ai à faire, c'est brancher le pilote automatique et l'avion vole pratiquement tout seul.

— Soit ! Mais pour décoller ?

— C'est simple. Il me suffit de bien positionner l'avion sur la piste, je mets les gaz à fond, et quand je tire sur le manche, hop, on décolle !

— Admettons ! Mais je ne vois toujours pas comment vous vous débrouillez pour atterrir, renchérit la docteur.

— Oh ! Rien de plus facile. Je vise le phare de la radiobalise de l'aéroport pour nous placer sur la bonne piste. Ensuite, je réduis les gaz, j'attends que le copilote se mette à hurler de terreur pour redresser le nez de l'avion, et hop, le tour est joué ! »

Chacun de nous a sa propre façon de voir et d'évaluer ses expériences, les êtres et les choses. Mais, si notre perspective est parfaitement claire pour nous, elle ne satisfait pas toujours les autres. Deux personnes vivant dans le même environnement peuvent vivre dans deux mondes très différents.

Les textes du *Sanatana Dharma*[1] décrivent trois niveaux de réalité : *pratibhasika* (la réalité apparente), *vyavaharika satta* (la réalité empirique ou relative), et *paramarthika satta* (la réalité absolue). En ce qui nous concerne, nous adopterons respectivement les termes de réalité subjective, objective et ultime.

La réalité subjective désigne des expériences qui ne sont réelles que pour celui qui les vit, comme par exemple les rêves, les hallucinations et les visions. La réalité subjective peut varier du tout au tout d'une personne à l'autre. Certains trouvent bien réelles des choses que d'autres n'arrivent même pas à imaginer.

C'est l'histoire d'un psychiatre qui travaille dans un asile. Un jour, il s'entretient avec ses patients en long séjour pour voir s'ils sont prêts à réintégrer la société.

---

[1] L'art éternel de la vie », nom originel et traditionnel de l'hindouisme.

« Eh bien ! Je lis dans votre dossier qu'on propose que vous sortiez de l'hôpital, dit le médecin à un malade. Que comptez-vous faire une fois dehors ?

— J'ai une formation d'ingénieur en mécanique. Il y a encore moyen de trouver du travail dans ce domaine...» répond le patient d'un air songeur. « Mais j'ai aussi envie d'écrire un livre sur ce que j'ai vécu ici à l'hôpital. »

Le docteur approuve ces projets d'un hochement de tête. Le patient continue : « Les gens pourraient être intéressés par ce genre de témoignage. En outre, je pense retourner à l'université pour étudier l'histoire de l'art. »

Le psychiatre hoche de nouveau la tête et fait ce commentaire : « Oui, toutes ces possibilités semblent attrayantes. » Cependant, le malade poursuit : « Et ce qui me réjouit le plus, c'est que, pendant mes loisirs, je pourrai continuer à être une théière. »

La réalité subjective est entièrement personnelle. La proximité n'entre pas en ligne de compte : un rêve ou une vision est la réalité pour le rêveur, mais non pour la personne assise à côté de lui. Il nous arrive à tous d'être très marqués par un rêve qui n'intéresse personne quand nous essayons de le raconter. Pour celui qui nous écoute, le rêve ne repose sur rien de réel. C'est seulement le produit de notre imagination.

La réalité objective, c'est ce que la plupart des gens perçoivent dans leur vie quotidienne. Si nous sommes assis sur une chaise, nous comprenons qu'il s'agit d'une chaise et pas d'une navette spatiale. De même, tout le monde sent que le feu brûle et personne n'a envie de se précipiter dans une maison en flammes. C'est la réalité objective. Quand on nous demande d'accepter la réalité, on nous exhorte à admettre la réalité objective du monde telle qu'elle est perçue et ressentie par la plupart des gens. Il est fort probable que la majorité s'accorderait à dire que la réalité objective est la seule réalité qui soit, et qu'il n'y a pas d'autres possibilités.

Toutefois, les Écritures stipulent que la réalité objective n'est pas absolue. Sa réalité est toute relative. C'est seulement parce que tout le monde se place du point de vue du corps physique pour appréhender le monde que la réalité objective se targue d'être la réalité suprême. Tout le monde se réfère au corps physique. Et du point de vue du corps physique, il est bien vrai que ce monde est réel. Mais si nous choisissons un autre point de vue, le monde objectif perd sa réalité. Par exemple, du point de vue du rêveur, le monde perçu par ceux qui sont réveillés n'a aucune réalité. Bien entendu, personne ne prend au sérieux la perspective du rêveur, hormis pour lui témoigner de la sympathie quand il fait un cauchemar. Mais on ferait bien de prendre au sérieux un autre point de vue : celui des mahatmas. C'est le troisième niveau de réalité décrit dans les Écritures, *paramarthika satta* autrement dit la réalité absolue.

Les réalités subjective et objective dépendent entièrement de la réalité absolue. Elles doivent leur existence à la réalité absolue qui, bien que située au-delà, leur sert pourtant de base. Vous qui lisez cet ouvrage, vous êtes conscients de votre corps et du livre. Vous vous estimez peut-être heureux d'avoir deux mains pour le tenir et des yeux pour le lire. Mais combien d'entre nous se souviennent qu'en fait, c'est grâce à la lumière que nous pouvons lire ? De même, c'est la réalité absolue qui rend possible toutes les formes de perception. En son absence, rien ne peut se manifester. La réalité absolue se situe au-delà de toute perception.

Examinons cela sous un autre angle en prenant l'exemple de l'or et des bijoux en or. L'or est la matière première dont on se sert pour en faire des bijoux. Sans l'or, ces bijoux n'existeraient pas. L'or transcende les bijoux : l'or existe, qu'il y ait des bijoux ou pas. Ainsi, dans le cas des bijoux, c'est l'or qui est la réalité absolue. Les diverses formes de bijoux (bague, collier, bracelet) n'ont qu'une réalité relative.

« Je ne vois pas de différence entre le matériel et le spirituel, dit Amma. Les vagues et l'océan ne sont pas deux choses différentes. Les objets ne sont pas différents de la matière première qui a servi à les fabriquer. C'est toujours la même substance qui prend des formes différentes. De même, le Créateur et la création ne sont pas distincts, ils ne font qu'un. »

C'est la réalité absolue, l'Atman ou la Pure Conscience qui anime le corps physique, le mental et l'intellect. En présence de la Conscience, le corps, le mental et l'intellect peuvent fonctionner. Sans la Conscience, le corps, le mental et l'intellect ne peuvent même pas exister, encore moins fonctionner. Et quand le corps, le mental et l'intellect disparaissent, la Conscience subsiste.

Dans la *Bhagavad Gita* (10.20), Sri Krishna déclare :

*aham ātmā guḍākeśa sarva-bhūtāśaya-sthitaḥ*
*aham ādiśca madhyaṁ ca bhūtānām anta eva ca*

Je suis la Conscience Ultime, ô Arjuna
Siégeant dans le cœur de tous les êtres.
Je suis le début, le milieu et la fin de toutes les créatures.

C'est cette nature éternelle de la Conscience qui permet aux *rishis* (sages) de dire que l'Atman est la réalité absolue. Ils ont trouvé un critère simple et logique pour déterminer ce qui est vrai ou bien réel au niveau ultime : seul peut être qualifié de réel ce qui reste inchangé dans les trois temps (le passé, le présent, le futur). Tout le reste est impermanent ou « relativement réel ». Ainsi, lorsque nous prions : « Mène-nous de l'irréel au réel », nous prions pour accroître notre capacité à faire passer notre conscience du niveau de la réalité relative qui est le nôtre actuellement, à celui de la Pure Conscience ou de la Vérité Suprême.

Plongés dans un rêve, nous sommes complètement incons-cients du monde de l'éveil. Mais à notre réveil, nous prenons conscience que le rêve n'était pas réel, qu'il ne semblait réel que pendant notre sommeil. En outre, nous nous rendons compte que tous les objets et les personnages du rêve étaient le fruit de notre imagination.

Nous savons que celui qui rêvait est à présent celui qui est réveillé, parce que nous nous souvenons de ce que nous ressentions et faisions dans le rêve. Si le rêveur et l'individu réveillé étaient deux entités différentes, nous n'aurions aucun souvenir de nos rêves. Bien sûr, nous ne pouvons pas nous souvenir de tous nos rêves, mais cela ne signifie pas que nous soyons quelqu'un d'autre que celui qui a rêvé. Nous ne nous souvenons pas de notre naissance, mais nous n'en concluons pas pour autant que nous ne sommes pas nés. Après tout, nous n'arrivons même pas à nous souvenir de tout ce que nous avons fait ne serait-ce qu'hier !

Quand nous rêvons, nous sommes convaincus que le monde du rêve est la seule réalité. C'est seulement au réveil que nous cessons complètement de nous identifier au rêve et que nous nous identifions totalement à notre corps physique et au monde autour de nous. Avec un soupir de soulagement, nous nous disons : « Ouf ! Je suis bien content : ce n'était qu'un rêve, ce n'est pas vrai. »

Or, ce même raisonnement vaut aussi pour ce qui se passe à l'état de veille. Pour l'instant, nous sommes absolument convaincus que seul le monde perçu à l'état de veille existe. Or, quand nous réalisons la réalité absolue, sur laquelle repose la réalité relative dans laquelle nous sommes établis pour l'instant, nous prenons conscience que nous ne sommes pas des individus limités mais plutôt la Réalité en soi et que c'est nous-mêmes qui avons créé le monde de l'éveil. Cela ne signifie pas que ce monde de l'éveil va disparaître, comme le monde du rêve disparaît pour celui qui se réveille, mais que nous devenons capables de voir l'unité inhérente et sous-jacente à la diversité apparente du monde de l'état de veille.

Il était une fois un roi qui passait en revue les frontières de son royaume. La mer bordait l'un des côtés du pays. Le roi s'arrêta un moment sur la plage pour observer deux gamins qui construisaient des châteaux de sable. Soudain, ils commencèrent à se disputer. Et l'un des enfants lança un coup de pied dans le château de l'autre. Apercevant le roi au loin, le deuxième garçon alla se plaindre auprès du monarque de cette injustice. Le roi éclata de rire et commença à se moquer de l'enfant qui se mettait dans un tel état pour un château de sable, ceci jusqu'à ce que son conseiller spirituel lui fasse remarquer : « Dans la mesure où vous-même faites la guerre et passez des nuits blanches à cause de châteaux de pierre, comment pouvez-vous rire de ces petits qui se battent pour des châteaux de sable ? »

Du point de vue des gamins, les châteaux de sable apparaissaient comme étant la réalité ultime, tandis que le roi attribuait cette réalité absolue aux châteaux de pierre. Les enfants étaient dans la réalité subjective, et le roi, dans la réalité objective. Mais pour le maître spirituel qui a réalisé la réalité absolue, ces deux premiers niveaux de réalité sont tout aussi irréels l'un que l'autre, comparables à une sorte de rêve.

Lorsque nous sommes plongés dans la réalité objective, le monde physique des noms et des formes est bien réel et nous considérons les rêves de la nuit précédente comme étant irréels. Mais pour le rêveur, c'est le monde de l'éveil qui n'est pas réel. Et pour celui qui dort profondément, ni le monde des rêves ni le monde de l'éveil n'ont la moindre pertinence, la moindre réalité.

Ainsi, la seule réalité absolue est la pure conscience, ce « je » témoin des trois états de conscience ordinaire (veille, rêve et sommeil profond). C'est pourquoi la réalité absolue de la Pure Conscience est aussi appelée Atman, ou véritable Soi, celui qui est présent dans tout être vivant.

Une histoire véridique du Pays Tamoul raconte comment un autre roi reçut un enseignement d'une profondeur encore plus grande. Ce roi-là avait chargé un de ses ministres d'acheter quelques chevaux pur sang. Mais, fervent dévot du Seigneur Shiva, le ministre dépensa l'argent destiné aux chevaux pour rénover des temples et faire la charité. Quand le roi apprit cela, il fit jeter le pieux ministre en prison.

Un peu plus tard, pendant la mousson, une des rivières du royaume déborda. Afin d'éviter l'inondation du royaume, le roi déclara l'état d'urgence et ordonna à chaque foyer de fournir une personne pour bâtir des murs en terre tout le long de cette rivière. Parce qu'il n'y avait plus qu'elle à la maison, on força une vieille femme à participer aux travaux. Trop âgée pour ce labeur physique et ne trouvant personne pour la remplacer, elle se mit à prier son Seigneur bien-aimé Shiva de l'aider d'une façon ou d'une autre. Au bord du désespoir, elle remarqua tout d'un coup un étranger qui se tenait devant elle. Elle avait vécu dans ce petit royaume toute sa vie mais n'avait jamais aperçu auparavant cet homme. Elle s'approcha de lui et lui dit :

« Jeune homme, s'il te plaît, prends ma part de travail et délivre-moi de ce fardeau. Cela te sera facile. »

Il répondit : « Je ne veux pas travailler pour rien. Tu dois m'offrir quelque chose en échange. »

La pauvre vieille n'avait rien d'autre à offrir que le *puttu* (mélange de riz et de noix de coco) qu'elle préparait chaque jour pour le vendre et gagner à grand peine de quoi subsister. Quand elle expliqua cela à l'étranger, il répliqua : « Cela me suffit. Nourris-moi et je travaillerai pour toi. »

Alors, elle emmena le jeune homme chez elle et lui donna à manger. Ensuite, il partit sur les berges de la rivière, mais au lieu de travailler, il resta là à bavarder et à distraire les autres de leur besogne. Remarquant cela, un des contremaîtres du chantier attira l'attention du roi. Immédiatement le roi s'approcha de l'étranger et le frappa avec un bâton.

Ce dernier ne protesta pas, mais il arriva quelque chose d'étrange : quand le bâton toucha la chair de cet homme, tous les autres eurent mal, comme si le bois avait frappé leur propre corps. Tous les habitants, le roi y compris, se mirent à gémir de douleur.

Complètement ahuri, le roi s'éloigna de l'extraordinaire jeune homme et le laissa partir. L'étranger fit quelques pas puis disparut soudainement, comme dématérialisé, dissous dans l'air. En voyant cela, le roi comprit qu'il avait eu affaire au Seigneur Lui-même, et que Dieu montrait que Sa Conscience est présente dans tous les êtres vivants. Le roi sentit également que le Seigneur l'avait indirectement réprimandé à cause du mauvais traitement infligé au ministre dévot de Shiva. Il quitta le chantier et se dirigea droit sur la prison où il ordonna qu'on relâche le ministre et qu'on le laisse réintégrer la Cour. « Je croyais que le trésor du palais m'appartenait et c'est pourquoi je vous avais puni. Mais je comprends à présent que tout appartient à Dieu et qu'en fait, vous avez dépensé l'argent sagement », lui dit-il.

Savoir que notre véritable Soi est Pure Conscience, que nous ne faisons qu'un avec Dieu, c'est savoir que tout ce qui arrive à l'état de veille, de rêve ou de sommeil profond, ne peut pas affecter ni limiter ce que nous sommes réellement. Cette liberté par rapport à l'espace et au temps, ou *jivanmukti*, est source de paix et de béatitude illimitées. C'est le but à atteindre par l'âme humaine.

# Chapitre 3

# S'Élever au-dessus de la Réalité Relative

*« Seul un être éveillé peut éveiller les autres. »*

– Amma

*« La dernière des libertés humaines, c'est de choisir notre attitude face aux circonstances, c'est de choisir notre propre chemin. »*

– Victor Frankl

Un voyageur qui vient d'arriver dans un pays étranger se rend sur la place du marché. Il y découvre un joli fruit qu'il ne connaît pas. Persuadé qu'il est délicieux, il en achète tout un sac et va s'installer sur un banc dans un jardin public pour savourer sa trouvaille. Avec grand enthousiasme, il croque un premier fruit mais le trouve terriblement fort et pimenté. Il le jette en pensant : « Peut-être que j'en ai pris un mauvais. Je vais en essayer un autre. » Le second aussi lui met la bouche en feu. En humectant ses lèvres brûlantes, il décide de tenter encore une fois sa chance en croquant un troisième fruit. Mais la même chose arrive. Alors il songe que peut-être ce sont les fruits du dessus qui ne sont pas bons, et il fouille maintenant au fond du sac. Tous les fruits qu'il goûte sont de plus en plus pimentés. Les larmes aux yeux, notre homme s'entête pourtant à goûter tout le sac de piments et finalement, force lui est de conclure que ce nouveau « fruit » est bien décevant.

La bêtise de cet homme nous amuse, mais ne sommes-nous pas comme lui, dans l'incapacité ou le refus de tirer les leçons de nos erreurs ? Nous aussi, nous nous obstinons à essayer de nous satisfaire en passant sans cesse d'une chose à une autre et ne récoltons invariablement que des fruits amers.

Swami Purnamritananda, l'un des premiers disciples d'Amma, raconte l'anecdote suivante :

Un jour qu'il traduisait pour Amma pendant le darshan, un homme désespérément triste s'est approché d'Amma. Quand elle lui a demandé ce qui n'allait pas, il a expliqué que cela faisait des mois qu'il était au chômage, qu'il n'arrivait pas à trouver de travail et songeait maintenant au suicide. Amma l'a consolé et lui a dit de s'asseoir près d'elle. Plus tard, un autre homme démoralisé a raconté à Amma qu'il subissait tellement de pression financière et de stress à son travail qu'il jugeait la mort préférable à son sort. Amma a essuyé ses larmes et lui a demandé de s'asseoir à ses côtés. Peu de temps après, un couple est arrivé en pleurant : mari et femme se plaignaient de ne pas avoir d'enfant, même après des années de traitements médicaux. Puis, des parents très chagrinés ont raconté à Amma que leur unique enfant les avait abandonnés et leur intentait même un procès. Une femme d'âge moyen s'est mise à pleurer car elle n'avait pas encore trouvé de mari et pensait être désormais trop vieille pour attirer un prétendant. Finalement une autre dame s'est plainte que son mariage lui avait rendu la vie infernale.

Certains étaient venus trouver Amma pour obtenir quelque chose dont d'autres, qui possédaient justement cette chose, voulaient se débarrasser. Mais tous ces dévots avaient ceci en commun : ils attribuaient la responsabilité de leur malheur à leur situation présente.

Une ancienne fable du temps des romains raconte l'histoire d'un âne qui n'est jamais satisfait. Au début, il appartient à un marchand d'herbes médicinales, mais comme il trouve que son maître lui donne trop de travail et pas assez à manger, il prie le dieu Jupiter de mettre un terme à cette situation et de lui octroyer un autre maître. Jupiter le prévient qu'il risque de le regretter plus tard, mais comme le baudet insiste, Jupiter fait en sorte qu'il soit vendu à un maçon. L'âne se rend compte bientôt que sur le chantier de briques, la tâche est plus difficile et chaque fardeau bien plus lourd que ceux du marchand d'herbe, alors il supplie à nouveau Jupiter de lui trouver un autre maître. Jupiter le prévient que c'est la dernière fois qu'il pourra exaucer ce genre de prière. Le bourricot acquiesce, et Jupiter s'arrange pour qu'il soit vendu à un tanneur. La pauvre bête comprend qu'elle est tombée dans des mains plus terribles encore et se met à braire : « J'aurais mieux fait d'accepter la maigre pitance de mon premier maître ou les rudes corvées du second plutôt que de me faire acheter par ce troisième qui finira par tanner ma peau et profitera de moi, même après ma mort ! »

En vérité, aucun changement de circonstances extérieures ne peut nous apporter une paix et un bonheur durables. Chaque solution engendre un ensemble de problèmes particuliers nécessitant de nouvelles solutions.

Nous rencontrons parfois des problèmes qu'il est impossible de résoudre extérieurement, comme, par exemple, à chaque fois que nous ne pouvons pas échapper aux circonstances. Certains lecteurs connaissent peut-être l'histoire de Victor Frankl, le psychiatre juif qui a passé trois ans dans un camp de concentration pendant l'Holocauste. Frankl a perdu sa femme, son frère et ses parents dans les camps. Pendant tout ce temps, il savait qu'il pouvait, d'un jour à l'autre, être exécuté lui-aussi. Mais Frankl a compris que même si on lui prenait tout, même si on le soumettait à toutes les indignités et atrocités possibles, il garderait toujours ce qu'il a plus tard appelé « la dernière des libertés humaines ». Privé de toute liberté extérieure, il aurait encore le choix : celui d'abandonner ou de conserver sa liberté intérieure. En observant avec détachement tout ce qu'il devait endurer, il a pu rester libre de choisir sa façon de réagir et décider de se laisser affecter ou non par les circonstances. Il percevait la situation objective avec un certain détachement, et n'accordait aux faits qu'une réalité relative : c'est ce qui lui a permis, dans une certaine mesure, de garder le contrôle de ses émotions et, en tant que psychiatre, d'offrir ses services à ses compagnons détenus. Pendant toute la durée de son internement dans les camps, Frankl a inspiré ses compagnons, rendu l'espoir aux autres prisonniers et même transformé quelques-uns de leurs gardiens. Comme Frankl l'a découvert, la seule solution efficace face à la souffrance humaine, c'est de s'élever au-dessus de la réalité relative du monde objectif.

Quand notre voisin traverse une épreuve, Amma observe que nous sommes tout à fait capables de le consoler et de le conseiller en gardant notre calme ; mais dès qu'il s'agit de nous, nous sommes affolés. Cette distance que nous mettons entre nous et les soucis de notre voisin, il faudrait pouvoir aussi la mettre entre nous et nos propres ennuis. Créer cette distance permet de devenir plus conscient. En vérité, nous ne sommes pas les problèmes que nous rencontrons. Nous ne sommes ni le corps, ni le mental, ni l'intellect qui en font, eux, l'expérience. La Pure Conscience, qui est notre véritable Soi, ne fait pas elle-même l'expérience, mais elle la rend possible. C'est cette conscience-témoin qui est la réalité absolue. C'est à elle qu'il faut nous identifier et non à notre problème, dont nous devons apprendre à devenir le témoin. Maintenir continuellement cette conscience-témoin nous aide à nous identifier à la réalité absolue et nous évite de nous sentir écrasés par les obstacles et les vicissitudes de la vie sur cette planète.

S'il était possible d'entrer dans le monde des rêves sans oublier l'état de veille, nous saurions que tous les personnages et tous les objets de nos rêves sont notre propre création. À celui que nous aurions rencontré dans notre rêve et qui refuserait de croire qu'il existe une personne éveillée et un état de veille, nous conseillerions de se réveiller pour prendre conscience qu'il est, en fait, celui qui est éveillé.

De même, nous ne sommes pas encore capables d'accepter l'existence d'une autre réalité, ni le fait que tout ce que nous voyons, sentons ou expérimentons est notre propre création. Exactement comme celui qui peut entrer dans un rêve sans s'oublier lui-même, Amma, elle, comprend cela et désire que nous le comprenions aussi.

Récemment, pour préparer le programme d'Amma à Trivandrum, des résidents de l'ashram ont fait les trois heures de trajet de nuit pour se rendre sur place. La nuit précédant le darshan, à une heure du matin, Amma est brusquement sortie de sa chambre. Elle est passée de salle en salle dans l'école où tout le monde dormait, elle a réveillé ses enfants endormis. Debout sur le seuil de chaque pièce, elle leur a gentiment demandé de bien vouloir aller travailler une heure ou deux sur la plage à l'endroit où allait se dérouler le darshan. Il fallait mettre en place des milliers de chaises pour le lendemain après-midi, et Amma savait bien que dans la chaleur torride de la journée, la tâche serait insupportable. Sans forcer personne, elle a seulement dit que ceux qui étaient d'accord pouvaient se lever pour aller travailler. En général, on n'aime pas trop se faire réveiller la nuit, surtout si c'est pour aller à la plage creuser des tranchées dans le sable sur des centaines de mètres. Mais puisque c'était Amma qui nous réveillait, tout le monde était ravi. Les gens ont volontiers suivi ses instructions car ils savaient qu'Amma voulait seulement leur éviter de souffrir plus tard à cause de la chaleur. Voilà le secret d'Amma. Ses enfants lui font confiance. Ils ont la certitude absolue que ce qu'elle leur propose de faire, c'est pour leur bien, pas pour elle. C'est pourquoi tant de gens la suivent. C'est ainsi qu'elle a pu mobiliser une armée de volontaires dévoués. Lorsqu'elle nous tire de notre sommeil, nous savons qu'elle veut nous emmener dans un monde meilleur que celui où nous demeurons pour le moment.

Dernièrement, on a amené un bébé de deux semaines au darshan. En prenant le nourrisson endormi dans ses bras, Amma lui a soufflé sur le visage. Il n'a pas réagi. Amma a soufflé de nouveau et, toujours pas de réaction, le nouveau-né restait profondément endormi. Mais Amma n'a pas abandonné la partie. Elle n'a pas cessé de lui souffler doucement sur les yeux et sur la tête. Alors, les doigts du petit ont commencé à bouger, comme s'il allait commencer à s'étirer, mais ensuite, il est retourné à l'immobilité du sommeil profond. Amma a continué et le bébé a entrouvert les yeux une seconde. Bien décidés à ce que le poupon se réveille et prenne conscience de ce moment béni, tous les gens autour se sont mis à applaudir et à encourager les efforts d'Amma. Mais les petites paupières se sont refermées. Malgré tout, Amma soufflait sans se lasser. Elle n'a jamais capitulé. Finalement, le bébé s'est réveillé et a plongé son regard dans les yeux d'Amma.

Amma a décidé de nous réveiller. Cela prendra le temps qu'il faudra, et peu importe si nous nous rendormons profondément à chaque fois que nous commençons à nous réveiller. Elle ne nous abandonnera pas. Puissions-nous tous nous réveiller bientôt !

# Chapitre 4

# Démonter le Mécanisme
# de l'Attirance

*« Celui qui a conquis sa propre âme attire toutes les autres âmes. »*

– Thiruvallar

Il y a bien des années de cela, avant-même que je ne vienne vivre à l'ashram, une actrice célèbre alors au sommet de sa carrière a fait une apparition en public près de chez moi. Une foule de jeunes gens se pressaient autour d'elle, dans l'espoir de pouvoir lui serrer la main ou d'obtenir un autographe, voire de se faire photographier à ses côtés. Quelques dizaines d'années plus tard, tandis que je me rendais à un programme, je suis tombé sur une autre fête où elle avait été invitée. Mais elle était maintenant devenue une vieille dame et j'ai remarqué qu'à part deux secrétaires employés à son service, il n'y avait personne autour d'elle. Tous les adolescents entouraient une nouvelle comédienne beaucoup plus jeune. Celle-ci, ravie de toute l'attention et l'adoration qu'on lui témoignait, ne semblait pas se rendre compte que son destin ressemblerait à celui de l'actrice qui l'avait précédée.

Nous avons souvent une attirance physique ou émotionnelle pour des gens, des lieux et des objets, mais la plupart du temps, cela ne dure pas. Par exemple, il peut nous arriver d'être attirés par quelqu'un à cause de son apparence physique. Mais quand sa beauté se fane, l'attraction disparaît elle-aussi.

Ce n'est pas pour autant qu'il faille désespérer en songeant à l'avenir. Souvenons-nous plutôt de la nature changeante du monde et acceptons-la de bon gré. Car en fait, c'est seulement en acceptant cela que nous pouvons travailler à atteindre ce qui ne change pas, notre véritable Soi. En outre, explique Amma, que nous riions ou pleurions, le temps passe, alors autant rire. C'est dans cet esprit que je voudrais vous raconter une histoire drôle.

À la suite d'une crise cardiaque, on emmène une femme d'âge mûr à l'hôpital. Pendant son opération, elle frôle la mort. Quand elle aperçoit la sinistre Faucheuse devant elle, elle demande d'une voix étranglée : « Est-ce que c'en est fini pour moi ?

— En fait non, lui répond la Mort. Il vous reste encore 43 ans, 2 mois et 8 jours à vivre. »

La malade déborde de joie en entendant la nouvelle et après s'être remise de son opération, elle décide de rester à l'hôpital pour se faire remodeler le visage ; elle veut aussi se faire retendre la peau du ventre et se faire faire des injections de Botox. Elle fait venir une esthéticienne qui lui teint les cheveux et lui blanchit les dents. Puisqu'il lui reste tant d'années à vivre, elle trouve qu'elle ferait bien d'en profiter au maximum. La dernière opération de chirurgie esthétique terminée, elle sort enfin de l'hôpital. Pour rentrer chez elle, elle traverse la rue et se fait renverser par une ambulance. Reconnaissant la Faucheuse devant elle, elle proteste : « Vous m'aviez dit qu'il me restait 43 ans à vivre. Pourquoi avoir laissé l'ambulance m'écraser ?

— Désolée, réplique la Mort, je ne vous avais pas reconnue. »

Bien sûr, il n'y a pas que l'attirance physique. Nous pouvons aussi être captivés par une personnalité, des talents ou des capacités intellectuelles. La fascination intellectuelle peut durer plus long-temps que la simple attirance physique, mais elle aussi est éphé-mère. Quand deux personnes divorcent à cause « de divergences irréconciliables », nous savons que la fascination intellectuelle s'est évanouie également.

Une amie essaie de consoler une femme qui vient de demander le divorce quand cette dernière l'interrompt soudain :

« J'aurais dû le quitter juste après notre lune de miel.

— Pourquoi ?

— Parce qu'il avait promis de me montrer les chutes du Niagara, mais en fait, il s'est contenté deux ou trois fois de m'emmener laver la voiture : on restait à l'intérieur de la voiture pendant le lavage et il la faisait avancer très lentement entre les gros rouleaux brosses. »

Mais il existe un troisième type d'attirance qui résiste au temps. C'est l'attirance pour l'Atman ou le Soi suprême. C'est ce que nous ressentons quand nous regardons Amma. Généralement nous devons déployer beaucoup d'efforts pour que les autres nous regardent. Même un comédien doit se montrer continuellement drôle sinon le public arrête de l'écouter et regarde ailleurs. Mais dans le cas d'Amma, c'est différent. Quoiqu'elle dise ou fasse, les gens n'arrivent pas à détacher d'elle leur regard.

Dernièrement, à la fin du darshan lors d'un programme à l'étranger, Amma s'amusait avec quelques jouets qu'on lui avait offerts. Avec une sorte de fronde, elle envoyait voler en l'air une figurine en forme de singe. Inlassablement. Tous ceux qui la regardaient faire étaient aux anges et éclataient de rire. Ils n'auraient pas ressenti un tel enchantement si c'était moi qui avais joué avec le singe. Ils seraient peut-être même allés dire à Amma qu'un de ses swamis avait perdu la tête. Mais quand c'est Amma qui fait ce genre de chose, on est rempli de joie et de bonheur.

Même quand elle fait quelque chose d'ordinaire, les gens autour sont fascinés. Après un darshan à Madurai pendant le Tour du Sud de l'Inde en 2007, Amma a décidé de faire des *unnyappams* (beignets sucrés typiques du Kérala). Lorsque les résidents et les dévots qui voyageaient avec elle ont appris la nouvelle, ils se sont tous dirigés vers le toit en terrasse où elle faisait frire la pâte. Si quelqu'un d'autre avait préparé les beignets, personne ne serait venu regarder. On aurait certainement tous trouvé quelque chose de plus intéressant à faire. Mais pendant une demi-heure, trois cent adultes ont tout simplement contemplé Amma en train de faire cuire des unnyappams. Amma n'a pas dit grand chose, ses enfants non plus, mais tous les observateurs étaient captivés, suspendus à ses moindres mouvements. Qu'y avait-il de si extraordinaire ? Pourquoi cet envoûtement général ? Apparemment, il n'y avait là qu'une femme en train de faire frire des bouts de pâte. Mais bien sûr, parce que nous sommes attirés par Amma, chaque objet qu'elle utilise, chaque endroit où elle se trouve, chaque geste qu'elle fait devient intéressant. Mais au fond, qu'est-ce qui fait qu'Amma nous passionne à ce point ?

Amma répond elle-même à cette question : « Un fruit mûr a toujours l'air juteux et appétissant. Une fleur épanouie est très belle et attirante. De même, celui qui connaît la véritable nature du Soi est comme une fleur pleinement épanouie ou un fruit parfaitement mûr. »

Chacune des qualités divines est comme un des pétales de cette fleur épanouie. Si nous interrogeons dix personnes sur la raison de leur attirance pour Amma, nous pouvons recevoir dix réponses différentes. Certains apprécient sa patience ou son humilité, d'autres, son innocence ou sa pureté, d'autres encore, sa compassion ou son amour inconditionnel. On peut aussi être impressionné par sa connaissance de l'Atman, du véritable Soi. Dans *Manase Nin Santamayi*, un bhajan qu'Amma chante souvent, il est dit : « Comme un aimant attire le fer, le Seigneur attirera à Lui les âmes débordantes de dévotion. »

Dans le même bhajan, il est révélé qu'en fait, c'est toujours l'âme qui nous attire, et non le corps qui lui sert de demeure.

Amma chante : « Même le bien-aimé (la bien-aimée) pour qui tu n'as pas hésité à risquer ta vie, sera effrayé(e) à la vue de ton cadavre et ne te suivra pas dans la mort. » Quand l'âme quitte le corps, notre attachement à ce corps disparaît. En fait, c'est l'âme qui nous attire naturellement. Nous n'aimons le corps que parce que l'âme y demeure.

Lors de la Tournée en Amérique du Nord en 2007, nous étions arrivés à l'aéroport de Seattle d'où nous devions partir pour San Ramon en Californie et nous faisions la queue aux contrôles de sécurité, quand un employé s'est approché d'une dévote indienne qui voyageait avec nous. Il l'a regardée et lui a demandé : « Est-ce votre visage que j'ai vu affiché à l'arrière d'un bus à Seattle ? » Un peu embarrassée, elle a répondu qu'il ne s'agissait pas d'elle mais que la personne allait bientôt arriver. Juste à ce moment-là, Amma est entrée et s'est mise dans une autre file de passagers pour le contrôle des bagages quelques mètres plus loin. Quand la dévote a montré à l'employé qui était Amma, il a demandé naïvement : « Est-ce qu'elle me serrerait dans ses bras si je le lui demandais ? Elle ne trouverait pas ça bizarre ? »

La dévote lui a assuré qu'Amma embrassait tous ceux qui venaient à elle, car elle considère chacun comme son enfant. Sans quitter Amma des yeux, l'employé de la sécurité a poursuivi : « Et si je voulais juste lui tenir la main, est-ce que cela l'ennuierait que j'aille la voir une seconde, juste pour lui tenir la main ? »

De nouveau, la dévote lui a dit que cela ne poserait pas de problème. Mis en confiance, l'employé s'est dirigé vers Amma, mais prenant conscience que personne ne le remplacerait à son poste, il s'est résigné à seulement la regarder passer au contrôle de sécurité avant de se rendre vers la porte d'embarquement.

Comme hypnotisé par sa présence, il a gardé les yeux fixés sur Amma jusqu'à ce qu'elle sorte de son champ de vision. Il était ébaubi. Même s'il n'a pas pu la suivre physiquement, son cœur s'était envolé avec elle, avec pour seul billet d'avion, son innocence.

Bien que le divin soit présent en chacun, il se manifeste à des degrés divers selon notre pureté mentale. Comme le mental du mahatma est absolument pur, le divin rayonne plus en lui que par un individu ordinaire. Afin d'expliquer cela, Amma compare une ampoule à faible voltage avec une ampoule de 10 000 watts. C'est la même électricité dans chaque ampoule, mais l'une émet pourtant plus de lumière que l'autre. De même, le mental d'un mahatma est si pur et si paisible que ceux qui se trouvent à proximité de lui ressentent aussi cette paix. La théorie des affinités vibratoires explique ce phénomène.

En associant notre paix mentale à un mahatma, nous développons un attachement envers lui. En réalité, l'objet de cet attachement, c'est l'Atman ou le véritable Soi. Peu importe les traits physiques ou les autres caractéristiques du mahatma. Il y a un maître spirituel qui n'a rien fait de spécial jusqu'à un âge très avancé ; vêtu seulement d'un pagne, il restait assis, et ne parlait que très peu. Mais les gens n'arrêtaient pas de lui rendre visite car sa seule présence était imprégnée de paix et d'amour.

Subramanya Bharati, célèbre poète et défenseur de la liberté, a habité quelque temps à Pondichéry, où vivait aussi un mendiant en haillons qui trimballait constamment sur l'épaule un baluchon d'ordures et de loques dégoûtantes. Les habitants ne supportaient pas de voir ce gueux, et si par mésaventure, ils le rencontraient, ils traversaient prestement la rue ou bien ils le chassaient. Cependant Subramania Bharati avait remarqué un éclat particulier dans le regard du mendiant et perçu un pouvoir ineffable émanant de lui. Un jour, il l'aborda pour lui demander humblement : « Bien que tout le monde semble vous haïr, je sens que vous valez bien mieux qu'il n'y paraît. Consentiriez-vous à me dire qui vous êtes vraiment ? «

Renversant la tête, le clochard se mit à rire à gorge déployée. Puis, il fit cette proposition énigmatique : « Demande-moi quelque chose, tout ce que tu veux. Alors tu sauras qui je suis. »

Considérant qu'il n'avait rien à perdre et peut-être même tout à gagner, le poète lui confia son plus grand désir : « Plus que tout au monde, je voudrais voir la déesse Kali de mes propres yeux.

— Suis-moi », répliqua le vagabond en hochant la tête. Il se tourna aussitôt et s'en fut. Rempli à la fois de doute et d'un merveilleux pressentiment, Subramanya Bharati lui emboîta le pas.

L'homme déguenillé le conduisit au puits du village. Là, il ordonna au poète de regarder au fond. Sans hésiter, ce dernier obéit et resta figé sur place : à la surface de l'eau, au lieu de son propre visage, il vit l'image de Kali dans une gloire resplendissante. Finalement l'image disparut et Bharati, considérant le mendiant sous un nouveau jour, s'exclama : « Extérieurement vous êtes affreusement échevelé et répugnant, et pourtant les dieux habitent en vous !

— À l'extérieur, je suis sale », répondit le mahatma avec simplicité, « mais à l'intérieur, je suis pur. Ainsi je peux voir Dieu et je peux aussi le montrer aux autres. » Il se remit à rire comme si tout n'était qu'un jeu délicieux et retourna à sa vie solitaire.

Amma dit que, même si nous n'en sommes pas conscients, il y a toujours quelqu'un qui nous prend pour modèle. Il est sage de s'en souvenir pour faire bien attention à ce que nous disons et faisons. Nous-mêmes avons tendance à imiter ceux qui nous attirent. Nous adoptons leur coiffure, leur façon de marcher, le style de leurs vêtements... Cela peut aller jusqu'au genre de vie que nous choisissons. Si un jour, une célébrité est vue en train de fumer, le lendemain, la vente de cigarettes monte en flèche parmi les jeunes. Les crimes abominables commis un jour font école les jours suivants. De toute évidence, il peut alors s'avérer dangereux d'imiter les autres.

Un tout nouveau missionnaire se rend pour la première fois dans un pays où l'on parle espagnol. Afin de se familiariser avec la langue, il entre dans une des églises de la ville et s'assoit au premier rang. Pour ne pas avoir l'air idiot, il se dit qu'il va imiter quelqu'un dans la foule. Il choisit de copier les gestes de l'homme qui est assis à côté de lui. Celui-ci bat la mesure en frappant des mains pour accompagner les chants des paroissiens. Notre apprenti-missionnaire fait de même. Puis, le voisin se met debout pour prier. Aussitôt le missionnaire l'imite. Et quand l'autre se rassied, il en fait autant.

La cérémonie suit son cours, et voilà qu'un peu plus tard, l'homme se lève à nouveau...immédiatement imité par le missionnaire. Soudain, on dirait qu'un ange passe dans l'assemblée. Quelques personnes semblent en avoir le souffle coupé. Le missionnaire jette un coup d'œil autour de lui et remarque que tout le monde est resté assis.

À la fin de la messe, le missionnaire va saluer le curé.

« Je suppose que vous ne parlez pas espagnol, lui dit le prêtre.

— C'est exact. Mais comment avez-vous deviné ? Est-ce si évident que ça ?

— Eh bien, pas vraiment... jusqu'à ce que j'annonce qu'un bébé est né dans la famille Acosta et que je demande à l'heureux papa de bien vouloir se lever. »

Quelqu'un a dit : « Les apparences sont si trompeuses que les gens devraient porter, comme sur les produits alimentaires, une étiquette mentionnant les ingrédients qui les constituent. » Imaginez que chacun porte une étiquette identifiant tous les ingrédients qui le composent. Par exemple, un homme pourrait être très beau, mais son étiquette ne ferait état que de dix pour cent de l'apport journalier recommandé de gentillesse et deux cent pour cent d'arrogance. Combien de femmes l'admireraient ? Dès qu'elles auraient lu sa liste, elles fuiraient à toutes jambes.

Ou bien, une femme serait superbe, mais son étiquette nous ferait découvrir qu'elle possède seulement 5 pour cent de la dose quotidienne de patience et deux cent cinquante pour cent de jalousie. Par contre, l'étiquette d'un mahatma ressemblerait à celle d'un complexe multi vitaminé annonçant mille pour cent de l'apport journalier recommandé de patience, d'amour, de gentillesse, de compassion, de paix, et zéro pour cent de défauts.

Malheureusement, ce genre d'étiquettes n'existe pas pour les êtres humains, alors nous devons faire preuve de discernement lorsque nous sentons que nous nous attachons à quelqu'un. Il s'agit de s'intérioriser pour essayer de comprendre ce qui nous attire et tenter de cultiver une attirance à long terme qui nous soit bénéfique. Je parle, bien entendu, de l'attrait pour le véritable Soi. Quand nous sommes captivés par un mahatma qui représente le véritable Soi, c'est notre vie tout entière qui s'améliore. « Le seul regard d'un mahatma, ou bien une parole, ou encore un simple geste peut nous faire du bien », affirme Amma.

Quand nous sommes attirés par un être humain ordinaire, nous devenons souvent totalement dépendant de lui et perdons le peu d'indépendance que nous avions. Mais quand nous cultivons correctement notre attachement à un maître authentique, ce maître nous mène de la dépendance à la complète indépendance. Il nous guide progressivement vers la réalisation de notre véritable nature.

Il y a bien des années de cela, Amma m'avait confié la tâche de servir tous les jours les repas aux dévots qui venaient à l'ashram. Elle avait spécifié que celui qui servait ne devait manger qu'après s'être assuré que tous les autres avaient fini de se restaurer. C'était donc seulement quand tout le monde avait terminé, et après avoir nettoyé le sol du réfectoire que je prenais ma part. Je ne sais pour quelle raison, je ne trouvais pas grand intérêt à cette besogne. Je me demandais quand Amma me donnerait autre chose à faire, cela jusqu'au jour où Amma est entrée dans le réfectoire où les visiteurs s'étaient éparpillés, assis à même le sol. Elle est allée de dévot en dévot, servir elle-même la nourriture. Je l'ai imitée pour servir le plat suivant. Quand les dévots eurent fini de manger, Amma a également nettoyé elle-même le sol du réfectoire, malgré mes tentatives pour l'en empêcher. Le lendemain, tandis que je servais le repas, j'avais très clairement en mémoire l'image d'Amma s'affairant au réfectoire la veille, et je me suis rendu compte que j'avais complètement changé d'attitude vis à vis de mon travail. En songeant qu'Amma avait effectué cette tâche le jour précédent, j'ai pu accomplir mon devoir avec beaucoup d'enthousiasme, de sincérité et d'amour. Et bien que cela se soit passé il y a très longtemps, le souvenir de cette journée est si vif en moi qu'aujourd'hui encore, je ne laisse jamais passer une occasion de servir à manger aux dévots qui fréquentent l'ashram.

Un autre incident du passé a lui aussi vraiment marqué un des *brahmacharis* (moines). Amma était en plein darshan quand soudain elle s'est arrêtée un instant. Elle semblait avoir l'esprit ailleurs. Puis elle a dit sans équivoque : « La vache pleure. » Cela m'a surpris parce qu'il y avait des gens qui chantaient des bhajans à tue-tête à ce moment-là ; d'autre part, l'étable se trouvait assez loin de la hutte du darshan. En outre, personne d'autre n'avait entendu la vache pleurer. Mais Amma s'est levée sur-le-champ. Elle a demandé aux dévots qui n'étaient pas encore passés au darshan d'attendre son retour et elle est partie vers l'étable.

Là-bas, elle a découvert que la vache, couverte de bouse, n'avait pas été nourrie ni lavée de la journée. Amma a appelé le brahmachari qui était censé prendre soin de la vache et lui a demandé pourquoi elle se trouvait dans cet état pitoyable. Le brahmachari a expliqué qu'il s'était réveillé en retard ce matin-là et que voulant être à l'heure pour la méditation, il avait négligé son travail à l'étable.

« Comment te sentirais-tu, lui a alors demandé Amma, si on oubliait de te nourrir et si tu devais rester souillé d'excréments toute la journée parce qu'on ne t'aurait pas lavé ? Faire ton devoir sérieusement est aussi une forme de méditation. En fait, prendre soin d'animaux qui ne peuvent pas parler, qui ne peuvent pas dire ce qu'ils souhaitent ou ce dont ils ont besoin, n'est pas moins important que la méditation. »

Ensuite, Amma a elle-même nourri et lavé la vache. Le brahmachari a tenté d'intervenir mais elle a insisté pour faire le travail elle-même. Cette expérience a profondément touché le jeune homme qui avait été dorloté dans sa famille et n'avait jamais eu l'habitude de travailler de ses mains. Après avoir vu Amma prendre soin de la vache avec tant d'amour et d'attention, il n'a plus jamais négligé son travail à l'étable.

Ce jour-là, avant de quitter l'étable, Amma a également raconté au brahmachari l'histoire d'un médecin, grand dévot de la Mère Divine, qui eut une vision de la Déesse un jour qu'il méditait. Comme il commençait tout juste à savourer cette vision soudaine, il entendit quelqu'un gémir à l'entrée de chez lui. Il se leva immédiatement et se précipita pour aller aider ce patient. Après s'être occupé du malade, il retourna dans la salle de prières. À sa grande surprise, la Mère Divine était toujours là. Plein de remords de l'avoir fait attendre, il lui demanda pardon de l'avoir abandonnée. Elle lui répondit : « Tu as bien fait. Si tu n'étais pas parti prendre soin de ce patient, j'aurais disparu immédiatement. Mais parce que tu as placé le bonheur d'un autre avant le tien, je me devais de t'attendre ici. Dieu accompagne toujours celui qui sert autrui de façon désintéressée. »

L'attachement qui nous conduira finalement et pour toujours au-delà de la réalité objective, c'est celui qu'éprouve le guru ou Dieu envers ses dévots. Lors du Tour d'Europe de 2006, un soir, juste avant le début du Dévi Bhava, Amma a brusquement dit :

« Mes pensées me ramènent sans cesse à Amritapuri. Je suis attirée par mes enfants de l'ashram. » Je n'ai guère attaché d'importance à cette remarque, mais plus tard, après la fin du darshan, Amma a pu parler aux résidents de l'ashram grâce à la webcaméra branchée sur un ordinateur portable. On avait installé un grand écran à Amritapuri pour que les résidents puissent regarder Amma, et de son côté, elle pouvait voir sur l'écran de l'ordinateur portable les visages de ceux qui s'étaient rassemblés devant la caméra en Inde.

Contemplant affectueusement les visages de ses enfants restés à l'ashram, Amma leur a parlé : « Voilà plusieurs semaines que je ne vous ai pas vus. Comment allez-vous ? Vous avez quelque chose à dire à Amma ? » À ces mots, tous les résidents de l'ashram ont crié ensemble : « Ammaaaaa ! Ammaaaaa !

— Mes enfants, avez-vous quelque chose à dire ? a insisté Amma.

— Ammaaaaa ! Ammaaaaa ! » ont-ils tous crié de nouveau d'une seule voix.

En observant cette scène, j'ai compris pourquoi Amma était si attirée par ses enfants d'Amritapuri. Les résidents de l'ashram ne pensent qu'à Amma. Ils n'ont pas de souhaits à formuler, ni de problèmes à lui soumettre, mais seulement la force irrésistible de leur amour désintéressé. Ce n'est pas qu'Amma fasse de préférence à leur égard. En fait, elle ne peut pas s'empêcher de penser à eux. Amma dit qu'une rivière n'éprouve pas le désir de couler dans une direction particulière, elle coule, c'est tout. Mais si vous creusez une tranchée à côté de la rivière, elle va s'y engouffrer naturellement. C'est la même chose lorsque nous avons un désir intense pour Dieu ou le guru, celui-ci ne peut pas faire autrement que de se rapprocher de nous.

Un autre épisode du même Tour montre combien Amma est profondément attachée à ses dévots. C'était en Europe à la fin d'un darshan qui avait duré très longtemps, Amma repartait vers sa chambre située dans le hall pour s'y reposer un court moment entre le programme du matin et celui du soir. Les dévots lui faisaient comme une haie d'honneur. Amma leur touchait la main au passage et s'arrêtait souvent pour parler à quelqu'un. De leur côté, les dévots profitaient de l'occasion pour se faire embrasser encore une fois. À un moment donné, j'ai fait remarquer à Amma que ces gens étaient déjà passés au darshan aujourd'hui, et qu'ils allaient pouvoir la retrouver dans environ deux heures... « Tu pourrais te reposer pendant ce temps-là. »

Amma a répliqué : « Rien ne me rend plus heureuse que d'être avec mes enfants. Pourquoi penses-tu que je suis venue ici ? »

Dans une relation aimante, l'attraction doit être réciproque. Alors, cultivons d'abord notre attachement pour Amma, et ensuite, essayons d'être plus attrayants pour elle. Non pas en nous maquillant ou en portant des vêtements chics, mais en développant des qualités telles que la gentillesse, la compassion et une attitude désintéressée.

Il y a quelques années, un jeune homme de Rameshwaram (ville située sur la côte Est du Pays Tamoul) est venu à Amritapuri voir Amma pour la première fois. Mais quand il est arrivé, le darshan était fini. Comme il ne voulait pas manger avant de la voir, il avait jeûné toute la journée. Le lendemain, il a pu recevoir le darshan d'Amma, et quand elle l'a embrassé, il a éclaté en sanglots. Amma lui a demandé ce qui le chagrinait, et il a expliqué que dans sa ville, les gens étaient très pauvres et qu'ils souffraient beaucoup. Il voulait faire quelque chose pour les soulager, mais il ne savait pas comment s'y prendre, et il en avait perdu l'appétit et le sommeil. Ensuite il a simplement prié Amma de bénir ses concitoyens.

Amma a été tellement touchée par son attitude pleine de compassion qu'elle lui a affirmé qu'elle ferait quelque chose pour les habitants de Rameshwaram. Peu de temps après, elle s'est engagée à construire là-bas 108 maisons pour les plus défavorisés, à organiser des tournées de soins médicaux gratuits, à bâtir une clinique et à allouer des bourses d'études à des jeunes gens pauvres. Plus tard, quand les maisons ont été prêtes et les autres projets en bonne voie, elle s'est également rendue dans cette ville pour la première fois.

Le jeune homme qui était venu solliciter l'aide d'Amma s'était beaucoup impliqué dans les divers projets gérés par l'ashram et ensuite, après le tsunami de 2004, Amma lui a demandé d'aller au Sri Lanka afin d'aider à coordonner la construction entreprise par l'ashram des maisons neuves pour reloger les victimes. Il s'agissait d'une tâche difficile et dangereuse : un jour, il s'est retrouvé encerclé par des hommes armés de fusils qui ont menacé de le tuer. Après avoir travaillé quelque temps, il est rentré en Inde pour se marier. Mais il restait encore beaucoup à faire au Sri Lanka. Aussi, deux semaines après son mariage, il a demandé à Amma s'il pouvait retourner sur le chantier de construction. « Tu es sûr ? Tu viens juste de te marier », lui a demandé Amma.

Le jeune homme lui a répondu que les victimes du tsunami étaient loin d'avoir retrouvé un semblant d'ordre dans leur vie, et que sachant cela, il ne pouvait pas rester à ne rien faire. Avant son départ, le jeune homme a demandé du *prasad*[1] à Amma. En le lui tendant, elle lui a dit : « Pourquoi demandes-tu du prasad ? Tu es toi-même le prasad d'Amma. »

Elle a dit cela en passant, mais cette phrase est d'une grande profondeur. Ce que nous offrons à Dieu avec tout notre cœur est consacré et nous revient sous forme de prasad. Ce jeune homme avait offert sa vie à Amma et en retour, elle la lui a rendue sous forme de bénédiction pour le monde.

---

[1] Offrande bénie ou cadeau d'un saint ou d'un temple, souvent sous forme de nourriture

Un petit garçon est assis sur les genoux de sa maman. Ils se regardent dans les yeux. Mais un doute assombrit un instant les yeux de l'enfant. Sans cesse à l'écoute du cœur de son fils, la mère perçoit immédiatement son trouble : « Qu'est-ce qui ne va pas ? »

Gêné, le petit garçon montre la main droite de sa mère qui porte une terrible cicatrice. Il lui manque un doigt et deux autres doigts sont comme soudés.

« Maman, tu es très jolie, mais je n'arrive pas à regarder ta main. Elle me dégoûte et je ne veux pas la voir.

— Avant ta naissance », raconte la mère sans sourciller, « la maison des voisins a pris feu. Ils étaient partis travailler, mais j'ai entendu leur petite fille qui criait. Sans réfléchir, je me suis précipitée à l'intérieur de la maison en flammes et j'ai réussi, je ne sais comment, à ressortir avec le bébé. C'est ainsi que ma main droite a brûlé et qu'elle est devenue comme ça. »

Alors, le petit garçon prend la main blessée et la couvre de baisers.

« Maman, ta main, c'est la plus belle du monde. »

Avant que la vieillesse ne vienne ternir la beauté de notre jeunesse, il se peut que nous soyons défigurés par une blessure ou par la maladie. Plutôt que de déprimer à cause de cette inévitable dégradation, nous pouvons développer notre beauté mentale. En nous habituant à exprimer l'amour, la compassion, la gentillesse et la patience, nous cultivons une beauté intérieure qui ne se fane jamais !

# Chapitre 5

# La Clé du Bonheur

*« J'étais toujours en train de donner, alors les gens m'ont appelée 'Mère'. »*

– Amma

*« Je voudrais vous confier qu'à l'ashram d'Amma, j'ai appris à donner, à donner encore et toujours… Le plus beau des messages, c'est Amma qui donne à tout le monde, ici, au Kérala, en Inde et dans le monde entier. »*

– Dr APJ Abdul Kalam, ex-Président de l'Inde

Une femme révèle à son amie le secret de son mariage paisible et durable : « Mon mari et moi prenons le temps d'aller au restaurant deux fois par semaine. Un dîner aux chandelles, une musique douce, puis une promenade pour rentrer tranquillement à la maison.

— Oh ! Quelle idée merveilleuse ! s'exclame son amie. Mais cela fait des années que je ne vous ai pas vus ensemble.

— Pas étonnant, explique la dame. Il y va le mardi, et moi le vendredi. »

Ainsi, certains croient que la clé du bonheur, c'est d'éviter les problèmes. Même en Inde, pays considéré par beaucoup comme le cœur spirituel du monde, une ancienne philosophie appelée *Charvaka* prétend qu'il n'y a pas d'Atman, ni de Dieu, ni *Brahman*[1]. Quand le corps meurt, il devient une poignée de cendres et nous cessons d'exister. C'est pourquoi les Charvakas proposent : « Gagnez de l'argent, mangez bien et amusez-vous. Si vous n'avez pas assez d'argent pour profiter de la vie, empruntez-en et buvez du ghee[2] (beurre clarifié.) Après tout, qui sait quand sonnera l'heure de votre mort ? »

Récemment des scientifiques ont déclaré que le bonheur pourrait être une affaire de gènes : nous diposerions d'un thermostat de bonheur et nous aurions la possibilité d'augmenter notre dose génétique de bonheur de vingt cinq pour cent en cultivant les plaisirs simples, comme ceux conseillés par les Charvakas. Pourtant cette théorie présente quelques failles incontestables. Que peut-elle offrir à ceux qui n'ont pas les moyens de passer toute la journée à goûter des petits plaisirs et qui n'arrivent pas à emprunter l'argent nécessaire pour vivre ainsi ? Quant à ceux qui en ont les moyens, l'intensité et la durée de leur bonheur seront forcément limitées. Le corps est destiné à vieillir, tomber malade ou peut être même être blessé dès la jeunesse. Quand le corps décline, nous ne pouvons plus profiter autant des plaisirs des sens. Cela vaut donc la peine d'examiner en détail ce que les rishis du Sanatana Dharma ont à dire de l'art et de la science du bonheur, car ayant regardé au-delà du corps, du mental et de l'intellect, ils ont découvert la véritable source de paix et de béatitude.

Selon les Écritures indiennes, il y a en fait trois niveaux de bonheur: *priya*, *moda* et *pramoda*. *Priya* est le bonheur qui vient de la perception de l'objet désiré. Une fois que nous possédons cet objet, le bonheur grandit et on l'appelle *moda*. Mais lorsque nous

---

[1] La Vérité Ultime au-delà de tout attribut. Le substrat omniscient, omniprésent et omnipotent de l'univers.
[2] Traditionnellement le ghee était un produit extrêmement coûteux utilisé pour rehausser le goût de certains plats. Ainsi, l'expression « boire du ghee » signifie vivre une existence remplie de plaisirs luxueux.

profitons effectivement de cet objet, l'intensité de notre bonheur augmente encore et on l'appelle *pramoda*.

Imaginons, par exemple, que nous voyons quelqu'un boire un machiato au caramel. Nous nous réjouissons rien que de penser à cette délicieuse boisson : c'est *priya*. Lorsque nous en commandons un verre et que nous l'avons enfin à la main, notre excitation grandit encore : c'est *moda*. Mais le summum du bonheur, c'est quand nous dégustons le machiato : c'est *pramoda*.

Quand on cherche à savoir pourquoi le bonheur augmente de cette manière, c'est très révélateur. Les Écritures expliquent que lorsque nous jouissons de l'objet désiré, l'agitation mentale due au désir disparaît. C'est précisément cette agitation qui nous empêche de connaître la béatitude permanente de notre véritable nature.

On pourrait dire qu'il s'agit d'une sorte d'oubli : le désir est momentanément oublié et le mental s'apaise. Quand le mental est tranquille, il reflète plus clairement la béatitude de l'Atman.

C'est ce même phénomène qui est exacerbé au maximum dans l'extase du *samadhi*. Dans tous ces différents états de conscience, le sentiment de félicité naît de la disparition de l'ego et du sens du moi en tant qu'individu limité. Les pensées, les désirs, les notions de « je » et de « mien », sont comme des nuages obscurcissant la lumière du soleil de notre Soi réel, (l'Atman), c'est-à-dire la béatitude infinie. Le soleil brille plus intensément dans un ciel bleu sans nuages ; de même, lorsque le mental est dégagé des pensées et des désirs, seule l'extase du véritable Soi subsiste. Le bonheur n'est pas inhérent aux objets extérieurs mais vient de l'intérieur.

Nous découvrons que notre bonheur, y compris ce que nous considérons comme les plaisirs simples de la vie, ne dépend pas, en dernière analyse, des objets que nous cherchons si désespérément à obtenir. Il est plutôt directement proportionnel à l'oubli de notre petit soi qui survient au moment où nous profitons de ces objets.

Un mahatma comme Amma n'a pas besoin de technique pour atteindre le bonheur, car elle est constamment consciente de sa nature réelle qui est félicité. Mais elle nous montre l'exemple à suivre. Une démonstration éclatante de ce phénomène a été, en 2004, la venue d'Amma à Mangalore, dans le Karnataka. Cette année-là, la foule était plus nombreuse que jamais, près de cent mille personnes s'étaient rassemblées, chacune espérant passer dans les bras d'Amma. Vers 19 heures, elle est arrivée sur la scène pour donner un *satsang*[3] et chanter les bhajans et elle a commencé le darshan à 21 heures 30. Elle n'a pas quitté son siège avant 16 heures 30, le lendemain après-midi. Elle a donné le darshan à un rythme vertigineux pendant plus de 19 heures d'affilée. Tous ceux qui ont eu la patience d'attendre ont reçu son darshan.

Mais ce qui m'a le plus impressionné, ce n'est pas le nombre de personnes qu'Amma a serrées dans ses bras, ni la durée du darshan, mais ce qu'elle a fait ensuite.

Après un tel marathon, on s'attendrait à ce qu'Amma prenne une semaine de vacances. Mais en fait, elle n'a même pas pris une seule journée de repos. D'ailleurs, cela ne lui est jamais arrivé. Comme d'habitude, un autre programme était prévu dès le lendemain. En quittant la scène, elle est montée directement en voiture pour rejoindre la prochaine étape, Bangalore, à huit heures de route de là.

J'étais parti en éclaireur à l'ashram de Bangalore pour aider à préparer le programme suivant. Sur la route de Bangalore, les autres swamis me téléphonèrent pour m'informer que le darshan s'était terminé tard dans l'après-midi, et me demander de faire

---

[3] Signifie littéralement « association avec la Vérité ». La plus haute forme de satsang est le samadhi, ou fusion totale dans l'Absolu. « Satsang » peut aussi vouloir dire « être en présence d'un maître spirituel », ou désigner l'association à d'autres chercheurs spirituels pour lire des ouvrages spirituels ou écouter des conférences sur la spiritualité.

en sorte qu'Amma ne soit pas retardée par la foule quand elle descendrait de la voiture pour se rendre dans sa chambre.

Mais, comme le programme était prévu pour le lendemain, il y avait déjà quelques centaines de volontaires à l'ashram. Peu de temps avant qu'Amma n'arrive, j'ai fait de mon mieux pour dégager les alentours de sa chambre, en demandant aux dévots de ne pas dépasser un portail qui se trouvait un peu plus loin, au bout de la cour. J'imaginais que là-bas, Amma ne pourrait pas les voir.

Donc, quand Amma est sortie de la voiture, il y avait très peu de monde pour l'accueillir, seulement une poignée de brahmacharis et moi-même. Nous pensions l'escorter prestement jusqu'à sa chambre qui se trouvait tout près de là où la voiture s'était arrêtée. Mais il s'avéra qu'Amma en avait décidé autrement. Tournant le dos à l'escalier qui menait chez elle, Amma contourna la voiture et se dirigea vers le portail où s'étaient rassemblés les dévots. Pourtant Amma n'avait encore aperçu personne et je cherchais encore à la persuader de monter directement dans sa chambre. Sans me regarder, elle demanda tout haut : « Pourquoi n'y a-t-il personne ici ? Où sont les dévots ? »

Ceux-ci avaient fini par voir Amma et ils se mirent à l'appeler. Puis, ce fut la fête ! Comme l'eau jaillissant d'un barrage, ils se sont faufilés à travers les planches du portail, passant par-dessus, par-dessous ou sur les côtés pour se précipiter en trombe vers elle.

Elle ne s'est pas sauvée. Et c'est seulement après avoir donné du prasad à chacun des dévots présents qu'elle a finalement consenti à se retirer dans sa chambre.

Prenons le temps de nous poser la question suivante : en aurions-nous fait autant ? Sans parler du fait que, dans l'histoire de l'humanité, personne d'autre qu'Amma n'a encore réalisé ce genre d'exploit, imaginons un instant que nous ayons eu, par quelque grâce, la force d'étreindre des dizaines de milliers de personnes. Il y a fort à parier que nous aurions saisi la première occasion d'aller nous allonger pour nous détendre aussi longtemps que possible.

Souvenons-nous d'une situation dans laquelle nous nous sommes dépassés physiquement. Avant même d'avoir fini notre travail, nous pensions quelque chose comme : « Quand ce sera terminé, je vais dormir pendant une semaine. » Autrement dit, même quand nous servons les autres, nous devons entretenir notre motivation par la promesse d'un plaisir personnel à venir. En ce cas, notre service n'est pas purement désintéressé. Mais en ce qui concerne Amma, c'est totalement différent. À un journaliste qui lui demandait dernièrement : « Vous avez mené à bien tant de projets dans les domaines spirituel et humanitaire… Qu'est-ce que cela vous fait d'avoir réussi tant de belles choses ? » Elle a répondu en haussant les épaules : « Je trouve toujours que je n'en fais pas assez pour mes enfants. C'est tout ce que je pense. »

Ceux dont l'humilité est sincère ne sont pas ceux qui pensent moins de bien d'eux-mêmes, mais ceux qui pensent moins à eux-mêmes.

Un jour, devant ses élèves, un professeur de philosophie posa sur son bureau des objets inhabituels dans ce contexte. Au début du cours, sans dire un mot, il prit un grand bocal vide et le remplit à ras-bord de gros galets. Il demanda ensuite aux élèves si le bocal était plein. Les étudiants acquiescèrent.

Puis le professeur saisit une boîte contenant des petits cailloux et la vida dans le bocal. Bien sûr, les petits cailloux roulèrent dans les interstices entre les gros galets. Quand l'enseignant demanda de nouveau si le bocal était rempli, les étudiants répondirent que oui.

Le professeur souleva alors un sac de sable dont il fit couler le contenu dans la cruche. Les grains de sable se glissèrent entre les petits cailloux et les gros galets.

« Est-ce que le bocal est plein ? » interrogea le professeur. Cette fois-ci, les élèves restèrent silencieux, soupçonnant que leur enseignant n'avait pas terminé son étonnante démonstration. Et effectivement, le professeur sortit une bouteille d'eau cachée derrière son bureau et la vida dans le bocal apparemment plein.

De la même façon, nous estimons toujours, à première vue, que nous en avons fait assez. Si nous avons effectué une ou deux bonnes actions dans la matinée, nous considérons que nous avons bien le droit de nous reposer le reste de la journée ou bien nous disons que nous n'avons plus de temps ni d'énergie à donner. Mais en regardant le bocal apparemment plein, Amma est capable d'y trouver encore un peu de place : même si son emploi du temps semble complet, elle peut toujours trouver le temps de manifester une fois de plus de la compassion envers quelqu'un d'autre. Dans un ashram rempli à craquer, elle peut toujours trouver de la place pour accueillir un enfant chéri de plus. Avant même d'avoir terminé un énorme projet caritatif, elle en commence deux autres. Au Gujarat, après le tremblement de terre de 2001, aucune organisation ne voulait prendre en charge la reconstruction et la réhabilitation des villages les plus importants. Amma avait déjà commencé dans toute l'Inde à bâtir gratuitement des logements pour les démunis et l'ashram n'avait reçu aucun soutien financier, mais elle a accepté de s'occuper de trois gros villages et a finalement reconstruit plus de 1200 maisons.

De la même façon, à la suite du tsunami de 2004, Amma a immédiatement offert de rebâtir toutes les maisons du Kérala qui avaient été détruites par la catastrophe. Et en 2007, quand les tentatives gouvernementales pour endiguer la vague de suicides chez les fermiers du Maharashtra, du Kérala et des autres États se sont révélées vaines, Amma a proposé un formidable plan de secours à objectifs multiples.

Amma ne veut qu'une chose : le bonheur de ses enfants. Mais elle connaît très bien la différence entre le bonheur provisoire et le bonheur permanent. Elle sait que la clé du bonheur durable est de s'identifier au tout, et non pas de chercher un bien-être uniquement égoïste.

Un des brahmacharis qui représente l'organisation d'Amma à l'étranger raconte une belle histoire sur le pouvoir de l'amour désintéressé. Un dévot d'Amma souffre d'une déficience neurologique et passe ses journées en fauteuil roulant. Mais cela ne l'empêche pas d'être toujours souriant. Et ce que le brahmachari a trouvé de plus surprenant, c'est que ce dévot, qui ne pouvait pas fournir d'efforts physiques ni même parler de manière intelligible, assiste à toutes les réunions de bénévoles pour préparer la venue d'Amma dans ce pays.

Au cours d'un programme, il est allé poser une question à Amma. Comme le brahmachari avait toujours eu pitié de ce malade, il était certain que ce dernier allait formuler une sorte de prière pour sa guérison ou l'amélioration de sa condition physique. Quand le jeune homme a posé sa question, le brahmachari n'a pas compris ce qu'il essayait de dire. Mais lorsque la personne qui l'accompagnait a répété la question de façon intelligible, le brahmachari a été très touché. Sa question était la suivante :

> « *Chère Amma, ce pays est l'un des plus riches du monde sur le plan matériel, mais, je sens qu'il est l'un des plus pauvres spirituellement parlant. J'aime mon pays, et je voudrais savoir ce que je pourrais faire pour l'élever dans le domaine spirituel, pour augmenter sa richesse spirituelle ?* »

Amma a plongé profondément son regard dans les yeux du jeune homme avec la tendresse et la fierté d'une mère dont le fils serait premier de sa classe.

« Mon fils », a-t-elle répondu au bord des larmes, « cette question témoigne de ta propre richesse spirituelle. Avec des gens comme toi, ce pays a certainement de quoi espérer pour le futur.

Alors ne t'inquiète pas. Ton cœur innocent et l'exemple que tu donnes sont suffisants pour servir de modèle aux autres et leur donner envie d'aller dans la bonne direction. »

Une fois le dévot parti, Amma s'est tournée vers le brahmachari et lui a dit : « Comprends-tu maintenant pourquoi il est toujours heureux ? Il aurait pu demander à Amma de le guérir, mais parce que son amour est désintéressé, il a préféré prier pour la guérison spirituelle de tout son pays. Cet amour désintéressé est la clé du bonheur. »

Un jour, un étudiant se promenait en compagnie de son professeur. Le long du chemin, ils ont vu une vieille paire de chaussures qui traînait le long d'une rizière. Un pauvre paysan travaillait dans cette rizière. Il avait dû enlever ses chaussures avant de s'aventurer dans la boue. C'était presque le crépuscule, et à le voir courbé et tellement épuisé, on devinait que cela faisait des heures qu'il travaillait.

Se tournant vers le professeur avec une lueur malicieuse dans les yeux, l'étudiant proposa : « Et si on lui faisait une farce ? Cachons ses chaussures et allons nous dissimuler derrière ces hautes herbes. J'ai hâte de voir la tête qu'il va faire quand il verra qu'elles ont disparu.

— Je ne suis pas d'accord, mon garçon », répliqua le professeur sur un ton de reproche. « Il ne faut jamais s'amuser aux dépens des pauvres. Mais tu es riche et ce pauvre homme peut te donner l'occasion de te faire bien plus plaisir. Place un billet de 100 € dans chacune de ses chaussures, puis nous irons nous cacher pour observer sa réaction quand il les découvrira. »

L'étudiant acquiesça et suivit les instructions du professeur. Bientôt, le paysan s'arrêta de travailler. Il sortit à grand-peine de la rizière car ses pieds s'enfonçaient dans la boue, et regagna la route, là où il avait laissé ses chaussures. Il commença par enfiler le pied droit, mais il sentit quelque chose de bizarre. Il se pencha brusquement pour voir ce qui s'y trouvait. Quand il vit de quoi il s'agissait, il eut l'air étonné et émerveillé. Il regarda fixement le billet, le scruta à la lumière, le tourna et le retourna encore. Il regarda aux alentours. Personne en vue. Finalement, en haussant les épaules, il glissa le billet dans sa poche et s'apprêta à enfiler l'autre chaussure. Sa surprise redoubla quand il trouva le second billet de 100 €. Submergé par l'émotion, il tomba à genoux, leva les yeux au ciel et, plein de ferveur, rendit grâces à voix haute : il parla de sa femme malade et de ses enfants affamés qui n'avaient pas mangé assez depuis une semaine. Il remercia Dieu d'avoir miraculeusement mis de l'argent dans ses chaussures.

Quand le paysan fut parti, le professeur et l'étudiant émergèrent de leur cachette. Incapable de bouger, en larmes, l'étudiant restait figé sur place comme s'il avait pris racine.

« Et maintenant, dit le professeur, n'es-tu pas bien plus heureux que si tu lui avais joué le mauvais tour que tu avais prévu ?

— Vous m'avez appris quelque chose que je n'oublierai jamais, répondit le jeune homme. Il y a plus de bonheur à donner qu'à recevoir.

— Le bonheur est comme un parfum, remarqua le professeur. Tu ne peux pas parfumer quelqu'un sans te retrouver imprégné de la bonne odeur. »

J'ai lu l'histoire de trois frères qui faisaient du parachutisme ensemble. Leurs parachutes se sont emmêlés en vol et les trois frères semblaient condamnés à mourir. Mais l'un d'eux a eu une idée pour sauver les autres : il a détaché son propre parachute. Il est tombé en vrille voué à une mort certaine, mais en faisant cela, il a sauvé la vie de ses frères. Les media du monde entier ont parlé de son sacrifice exemplaire.

En fait Amma se sacrifie discrètement jour après jour. Non pas pour le salut de deux personnes, mais pour celui de millions de gens à travers le monde, même pour de parfaits inconnus

qu'elle voit pour la première fois… Et que reçoit-elle en retour ?
Plus on regarde Amma vivre et plus il devient évident qu'elle ne
se repose, ne mange ou ne dort que très peu. Ce n'est un secret
pour personne. Le véritable secret, que seule Amma connaît, c'est
comment elle arrive à soutenir son corps qui depuis plus de 36
ans, mène une vie de sacrifice éreintante.

Dans le *Guide de la Vie du Bodhisattva*, l'auteur bouddhiste
Shantideva dit :

*Si je donne cela, que me restera t-il ?*
*Ainsi pensent les démons égoïstes.*
*Si je garde cela, que me restera t-il à donner ?*
*Ces pensées désintéressées appartiennent aux dieux.*

« C'est seulement si nous regardons les autres avec compassion,
qu'on peut dire que nous regardons à l'intérieur de nous-mêmes,
affirme Amma. La divine graine de la spiritualité ne germera que
si nous l'arrosons avec l'eau de la compassion. »

Un incident tiré de la biographie du grand sage Ramanuja
illustre ce point. Ses premiers pas sur le chemin spirituel avaient
été difficiles : le guru Thirukottiyur Nambi l'avait éconduit dix
sept fois avant d'accepter de l'initier à un mantra. Chaque fois,
Ramanuja avait parcouru plus de 50 km à pied. Finalement,
Nambi consentit à l'initier, mais seulement à certaines conditions.
Nambi lui expliqua que le mantra avait le pouvoir de transporter
au royaume céleste du Seigneur Vishnou quiconque le réciterait.
Toutefois, si Ramanuja révélait ce mantra à quelqu'un d'autre, il
serait, lui, jeté en enfer.

Ramanuja accepta ces conditions et reçut le mantra. Le même
jour, sans même prendre le temps de rentrer chez lui, il appela tous
les habitants de son village à se rassembler devant le temple. Quand
ils furent tous là, Ramanuja, qui avait grimpé en haut de la tour
du temple, se mit à hurler le mantra sacré de toutes ses forces. Il

annonça qu'il avait reçu ce mantra du guru parfait Thirukottiyur Nambi, et que la récitation de ce mantra garantissait d'atteindre la demeure de Vishnou. Et il exhorta ses concitoyens à répéter le mantra avec une grande vénération.

Nambi devint furieux quand il apprit la nouvelle. Il courut chez Ramanuja et exigea de savoir pourquoi il avait révélé le mantra. Ramanuja répondit que si sa précipitation en enfer permettait à des milliers d'autres d'aller au paradis, c'était un petit sacrifice qu'il acceptait de faire. Cette réponse toute miséricordieuse toucha si profondément le guru Nambi qu'il dit à son disciple : « Ramanuja, avec cet acte de compassion, tu dépasses ton maître. »

On trouve vers la fin de l'épopée du Mahabharata une histoire qui explique le réel pouvoir du sacrifice. Longtemps après la fin de la guerre, ayant gouverné le pays pendant plus de trente ans, les cinq frères Pandavas décident de renoncer à tous les attachements au monde extérieur et ils entreprennent leur dernier voyage vers la chaîne sacrée des Himalayas. C'est une marche si longue et si difficile qu'ils meurent l'un après l'autre. Seul l'aîné, Yudhisthira, reste vivant. Toute sa vie, il a essayé de respecter le *dharma* (la justice, le devoir...) Il s'est efforcé d'ouvrir son cœur et de purifier son mental. Il n'a pas atteint la Libération, mais sa vie entière a été conforme aux enseignements de son maître spirituel. Finalement, merveille des merveilles, un char descend du Ciel pour l'emporter au paradis ! Mais quand il y arrive, il est surpris de ne point y trouver ses frères. Il demande immédiatement où ils se trouvent. En réponse à sa question, on le fait descendre le long d'un couloir ténébreux. Plus il avance, plus l'obscurité s'épaissit et plus il se sent effrayé. Il longe des lacs de lave bouillonnante et des piles de cadavres livrés en pâture aux vautours. Pensant qu'il s'agit d'une plaisanterie cruelle, car il est impossible que ses frères aient atterri dans un lieu aussi affreux, Yudhishthira décide de rebrousser chemin. Mais dès qu'il fait demi-tour, il entend les voix des âmes de ses frères qui crient son nom et le supplient de ne pas partir.

« Ne t'en va pas ! gémissent-ils. Ta présence ici nous fait l'effet d'une brise rafraîchissante, et nous soulage un peu dans notre vie de tortures. »

Alors, Yudhishthira déclare : « Si mes frères sont en enfer, je ne veux pas aller au paradis. Si ma présence leur procure le moindre réconfort, comment pourrais-je songer à partir ? Je refuse de m'en aller sans eux. »

À peine a t-il prononcé ces mots que tout change autour de lui. Il se retrouve au paradis, entouré de ses frères. En fait, son voyage en enfer était une mise en scène pour le conduire à l'apothéose de la compassion. Son choix de renoncer à son propre confort pour le bien d'autrui lui a fait trouver le paradis, le vrai... qui n'est pas une cité dorée quelque part dans les cieux, mais un cœur débordant d'amour.

# Chapitre 6

## Apprendre Pour ne Plus Dépendre

*« Il m'a semblé pendant longtemps que la vie, la vraie, était sur le point de commencer. Mais il y avait toujours quelque chose à faire ou à finir avant, un contrat à terminer, une dette à rembourser. Ensuite, la vie pourrait commencer. J'ai fini par comprendre que tous ces obstacles, c'était ma vie. »*

— Alfred De Souza

Un sage aperçut un jour un homme assis par terre au bord de la route, l'air découragé. Le sage s'arrêta auprès du malheureux et lui demanda la cause de son chagrin.

« Qu'y a-t-il d'intéressant dans la vie ? soupira l'inconnu. Moi, je n'ai pas besoin de travailler pour gagner ma vie et j'ai voyagé partout pour voir si l'existence était plus amusante ailleurs que là où je suis né. Hélas, jusqu'à présent, je n'ai rien trouvé de captivant ! »

Le sage écouta patiemment l'autre lui raconter ses malheurs. Puis, sans crier gare, il se pencha brusquement, saisit le sac du globe-trotter, et dévala la rue à toutes jambes. Le voyageur se leva d'un bond et se jeta aux trousses du voleur. Mais le sage connaissait très bien le quartier et, en empruntant plusieurs raccourcis, il distança et sema facilement son poursuivant. Il revint alors déposer le sac sur le bord de la route et attendit que l'infortuné voyageur réapparaisse.

Celui-ci arriva bientôt, à bout de souffle, et semblait plus déprimé encore depuis le vol de ses affaires. Dès qu'il aperçut son sac, il se mit à courir en criant de joie.

« Voilà une façon parmi tant d'autres de créer du bonheur », commenta sobrement le sage.

Tout le monde cherche à être le plus heureux et le moins malheureux possible. Une étude récente du psychologue Daniel Gilbert, de l'université d'Harvard, montre que toutes nos pensées, nos paroles et nos actions ont pour but d'augmenter notre bonheur présent ou futur. Il n'y a là rien de surprenant. Par contre son étude établit également que nous ne sommes pas très malins quand il s'agit de prévoir les conséquences de certains événements. Que nous atteignions ou pas nos objectifs, que notre patrimoine augmente ou diminue, que nos relations s'améliorent ou se détériorent, nous ne nous sentons généralement pas aussi heureux ni aussi tristes que nous l'aurions escompté. Du point de vue spirituel, cela s'explique par le fait que le bonheur ne provient pas de ce qui nous est extérieur, mais qu'il vient de l'intérieur, et que chaque plaisir savouré en ce monde n'est qu'un pâle reflet du bonheur inhérent au véritable Soi.

Et le malheur ? Si nous n'éprouvons pas autant de chagrin que nous le craignions, si le monde entier ne s'écroule pas à la première difficulté rencontrée, si la vie continue, c'est peut-être que le malheur n'est pas cette catastrophe qu'il faudrait instinctivement éviter et refuser à tout prix. Après tout, à quoi ressemblerait une vie sans vague, ni problème, une vie où chacun de nos désirs serait instantanément satisfait ? Sans défi à relever, ni épreuve, notre mental s'affaiblirait, nos talents dépériraient et nos capacités rouilleraient. En tant qu'aspirants spirituels, ne nous laissons pas intimider par l'adversité. Faisons de notre mieux pour accueillir les obstacles comme autant d'opportunités d'affermir notre esprit, cherchons à développer une attitude positive pour nous abandonner à la volonté divine.

En fait, pour la majorité des gens, la souffrance fait partie intégrante de la vie. Demandons ce qu'il en est aux millions de malheureux qui vivent dans une misère abjecte, ou dans des pays déchirés par la guerre ! Ils sauront nous dire à quel point la vie est remplie de souffrances. Interrogeons Amma, elle qui a entendu des milliers de gens du monde entier lui raconter leurs malheurs et implorer son soutien, ses conseils et sa grâce.

Beaucoup aspirent à un âge d'or où chacun sur la Terre serait prospère : « Pourquoi les êtres humains doivent-ils souffrir ? » cherchent-ils à comprendre.

Une belle histoire répond au moins partiellement à cette question. Un jour, un prince a demandé au roi son père, pourquoi il y avait tant d'inégalités dans le royaume : « Tu as assez d'or dans le trésor du palais pour faire de chacun de tes sujets un homme riche. Pourquoi ne partages-tu pas ta fortune ? D'un simple trait de plume, tu peux éradiquer la souffrance dans tout le pays. »

Comme le roi avait une tendresse particulière pour son fils, il accéda à son désir, tout en sachant que cela pourrait avoir des conséquences bien différentes de ce que le prince envisageait. Il ordonna à son trésorier d'ouvrir les coffres du palais et il fit annoncer urbi et orbi que tous ses sujets pouvaient venir se servir à volonté. Aussitôt, les richesses du roi s'éparpillèrent hors du palais. Tous les habitants se mirent à vivre dans le luxe et ne manquèrent plus de rien.

Peu de temps après le généreux partage du trésor, le toit du palais se mit à fuir de façon inquiétante. C'était la saison des pluies, et même la chambre du prince fut partiellement inondée. Le prince appela ses serviteurs pour l'aider à éponger l'eau dans sa chambre, mais on lui expliqua qu'une fois devenus riches, ils avaient quitté leur emploi et étaient repartis vivre chez eux. Tous les matins, le prince devait écoper l'eau dans sa chambre, et en vidait plusieurs seaux par la fenêtre. Alors il demanda que des couvreurs viennent réparer le toit du palais. On lui expliqua qu'on ne trouvait plus aucun couvreur dans le royaume. Il n'y avait plus ni couvreur, ni charpentier, ni artisan, ni maçon. Le palais et les autres bâtiments du royaume commencèrent à se délabrer. En outre, cela faisait des semaines que plus personne ne se préoccupait de ramasser les ordures ni de balayer les rues. Chaque fois que le prince sortait du palais, le peuple manifestait son mécontentement. Les gens avaient de l'argent, mais celui-ci n'avait plus aucune valeur. Plus personne n'était obligé de gagner sa vie, alors personne n'avait envie de travailler. Au lieu d'instaurer le paradis sur Terre, le prince avait plongé le royaume dans la déchéance. Finalement, il fut contraint de supplier son père d'annuler son ordonnance. Le roi consentit une nouvelle fois à satisfaire le désir de son fils. Sur ordre royal, les sujets rendirent le trésor et ils se remirent au travail. De cette façon, le royaume retrouva harmonie et prospérité.

Il ne s'agit pas de rechercher le malheur, mais plutôt de le considérer comme quelque chose de naturel et d'inévitable qui fait partie de la vie. Car même si nous ne l'invitons pas, il vient nous rendre visite. Aussi vaut-il mieux nous préparer à sa venue pour réagir de façon positive et constructive, comme dans l'anecdote suivante :

Pendant un cours, un élève s'endort sur sa table. En guise de sanction, l'institutrice lui ordonne de faire trois fois le tour de la cour de récréation en courant. L'élève obéit : il fait trois fois le tour de la cour et rentre en classe, avec l'air, non d'avoir des remords, mais plutôt frais et détendu. Furieuse, la maîtresse prolonge sa punition pour deux jours : elle lui demande de courir aussi le lendemain et le surlendemain avant de rentrer en classe. Les deux jours suivants, l'élève arrive à l'école plus tôt que ses camarades et court selon les instructions de son institutrice. Mais le quatrième matin, avant le début des cours, elle l'aperçoit en train de courir. Quand il entre en classe, elle lui rappelle : « La punition est finie. Je t'ai seulement demandé de courir pendant trois jours. Ce n'est pas la peine de continuer. »

Gaiement, l'élève répond : « Vous savez, la première fois que j'ai couru, je me suis senti plein d'énergie et j'ai pu suivre le cours bien mieux qu'avant. Alors maintenant, je n'ai plus envie d'arrêter ! »

Ainsi la vie consiste soit à apprendre, soit à dépendre de ce qui nous entoure. Ou bien nous apprenons, nous tirons une leçon des expériences que la vie nous propose, ou bien nous dépendons des choses et des gens qui nous entourent. Pour apprendre, nous avons besoin de réfléchir, de nous souvenir de Dieu, et de faire quelque sacrifice quotidiennement.

Un journaliste a demandé à Amma : « Est-ce qu'un événement particulier a marqué votre enfance ? » Amma a répondu : « Ce sont les larmes, le chagrin et la souffrance des autres qui m'ont marquée. J'allais consoler les gens et leur donner de l'amour. »

En fait, Amma elle-même n'a jamais été submergée de chagrin. Au cours de cette même interview, le journaliste lui a demandé de raconter un moment de son enfance où elle s'était sentie remplie de béatitude et il a évoqué l'époque où elle se promenait seule le long de la plage en chantant pour Dieu. Mais Amma a répliqué : « Ce n'est pas pour être heureuse que je me souvenais de Dieu ou que je récitais les Noms divins. Lorsque je marchais sur la plage, le bruit des vagues me rappelait le bourdonnement de la tampoura et je chantais à l'unisson avec la mer. Ce n'était pas pour être heureuse, car j'étais toujours heureuse. Les sentiments que j'exprimais dans mes chants reflétaient le chagrin et la mélancolie que je sentais chez les autres. »

Bien qu'elle perçût clairement l'unité de toute la création, Amma était si touchée par la souffrance de ceux qui ignoraient cette unité, qu'elle allait les réconforter et les consoler.

« Quand je les voyais souffrir, je ne pensais plus à moi, ni à mes besoins personnels. J'allais les réconforter et sécher leurs larmes. Je les prenais sur mes genoux ou bien je leur faisais poser la tête sur mon épaule. Quand d'autres me voyaient faire cela, eux-aussi voulaient que je m'occupe d'eux. Alors, peu à peu, les gens se sont mis à faire la queue. C'est de cette façon que le darshan a commencé. Les gens venaient et se mettaient à pleurer. Tandis qu'ils me faisaient part de leur chagrin, je m'identifiais à eux. Si nous avons mal à la main droite, la main gauche va automatiquement la frotter et prendre soin d'elle, parce que nous considérons les deux mains comme « à nous ». De la même façon, je ne voyais pas ces personnes comme étant différentes de moi. »

L'exemple d'Amma montre non seulement qu'il est possible de rester affectueux et paisible lorsque nous sommes plongés dans des difficultés personnelles, mais aussi que ce sont souvent ces difficultés, précisément, qui nous aident à mûrir, à grandir et progresser. Le mot sanscrit *tapam* signifie soit chaleur soit chagrin. Ceci indique que le chagrin procure la chaleur nécessaire à notre croissance, exactement comme la chaleur du soleil aide les plantes à pousser.

Ce principe a été concrètement vécu par une femme turque après un gigantesque tremblement de terre dans son pays. Les journaux ont cité ses paroles : « Que Dieu épargne à mes ennemis les plus acharnés ce genre de calamité ! » Le traumatisme de la catastrophe lui avait ouvert le cœur. Tout à coup, elle s'était surprise à prier pour ceux qu'elle considérait jusqu'alors comme ses ennemis.

Une expérience identique est arrivée à l'un des moines d'Amma. Il s'était rendu au Gujarat qui avait été dévasté après le tremblement de terre, pour reconstruire des villages. Mais pendant qu'il était là-bas, il est tombé très malade. Certains d'entre nous sont allés lui rendre visite à l'hôpital pendant sa convalescence. Quand nous sommes entrés dans sa chambre, nous nous attendions à ce qu'il nous parle de ses douleurs ou bien que, lassé par la seule nourriture de l'hôpital, il demande quelque chose d'autre à manger. Mais non ; ses premiers mots ont été : « Est-ce que quelqu'un d'autre a attrapé cette maladie ? »

Nous lui avons dit qu'au lieu de se faire du souci pour les autres, il ferait mieux de se concentrer sur sa guérison à lui. En secouant la tête, le brahmachari a expliqué : « Cette maladie est terrible ; personne ne devrait avoir à passer par là. »

Amma affirme que Dieu ne nous punit pas, mais qu'il y a des lois universelles qui régissent la création. Comme le dit le proverbe : « Tu ne peux pas briser la Loi, tu peux seulement te briser contre elle. » Chaque expérience que la vie nous amène a pour but de nous guider vers la source véritable du bonheur qui est à l'intérieur. C'est à nous de choisir si nous voulons saisir ces opportunités ou non. Dans notre propre intérêt, efforçons-nous d'extraire le maximum de croissance spirituelle de toutes les formes de souffrance que la vie nous apporte.

Par son exemple, Amma montre aussi que ce qui caractérise une spiritualité authentique, c'est l'acceptation de toutes les situations sans fermer notre cœur ni avoir peur. « Essayons d'affronter courageusement les problèmes de la vie en nous disant : 'Rien ne peut me vaincre, ni m'asservir. Je suis l'enfant de Dieu.' Ne fuyons pas les problèmes. Cela ne ferait que leur donner plus de poids pour nous anéantir. Une personne engagée dans une authentique recherche spirituelle ne craint ni les pertes, ni la mort », dit Amma.

Un jour, deux hommes sortent pour boire un verre. L'un des deux boit beaucoup et refuse de s'arrêter. Finalement le plus sobre demande à son ami :

« Pourquoi bois-tu autant ?

— Pour noyer ma souffrance.

— Et ça marche ?

— Non, mes problèmes ont appris à nager. »

Dans la vie, les difficultés nous apprennent à choisir ce qui est bon plutôt que ce qui est simplement agréable. Les plaisirs des sens ne nous aident guère dans les moments difficiles. Nous n'avons pas tous autant de courage que les pompiers qui se ruent à l'intérieur d'un bâtiment en flammes ni autant de force intérieure que les soldats sur un champ de bataille. Mais Amma peut nous donner à tous une leçon de courage pour faire face aux épreuves que la vie nous présente, même si elles ressemblent parfois aux flammes de l'enfer. Nous pouvons tous tirer de son exemple la force dont nous avons besoin pour affronter nos ennemis intérieurs tels que la peur, la colère, la jalousie et les autres tendances négatives.

Selon Amma, les circonstances sont l'un des meilleurs moyens de tester notre progrès spirituel. En effet, elles font remonter à la surface ce qui était enfoui. En un instant, toutes nos peurs, nos faiblesses et nos points forts peuvent ressortir si les circonstances s'y prêtent. En présence d'Amma, nous avons maintes occasions de découvrir notre irritabilité, notre impatience et autres défauts du même genre.

Un Occidental en visite à l'ashram a fait part de ses difficultés à un brahmachari : « Tout à l'heure, je méditais merveilleusement bien avec Amma dans le temple. Brusquement, un géant avec une grosse tignasse est venu s'asseoir juste devant moi. Il s'est presque installé sur mes genoux et je ne voyais pratiquement plus Amma. L'objet de ma concentration a brutalement changé. Je ne pensais désormais plus qu'à une seule chose : j'aurais aimé le tabasser et le sortir du temple en le traînant par les cheveux. »

Quand les épreuves surviennent, il est bon de se rappeler que Dieu n'est pas en train de fermer les yeux pour ignorer nos difficultés, mais d'ouvrir les nôtres pour que nous puissions voir la Vérité. La maturité acquise grâce aux leçons de la vie fait incontestablement disparaître l'ego et l'ignorance. C'est peut-être en songeant à cela qu'Amma a dit : « Chacun finira par regarder à l'intérieur. »

Une jeune fille racontait à sa mère comment tout allait mal pour elle : elle avait échoué en algèbre, son petit ami l'avait quittée et sa meilleure amie allait déménager. Tout en écoutant, la maman préparait un gâteau. Elle s'arrêta soudain et demanda à sa fille si elle voulait manger quelque chose. L'adolescente répliqua : « Bien sûr, je ne peux pas résister à tes pâtisseries !

— Tiens, prends un peu d'huile, offrit la mère.

— Bhaaa ! protesta la fille.

— Que dirais-tu de deux ou trois œufs crus ?

— C'est dégoûtant !

— Tu préfères de la farine ? Ou de la levure ?

— Maman, tout ça me donne la nausée !

— Je ne te le fais pas dire ! Pris un à un tous ces ingrédients semblent immangeables, mais mélangés intelligemment, ils font un délicieux gâteau. »

De même, nous nous demandons souvent : « Qu'ai-je fait pour mériter cela ? » ou bien : « Quel besoin Dieu avait-il de m'infliger ça ? » Bien sûr, en fin de compte, tout ce qui nous échoit est le résultat de ce que nous avons fait par le passé, dans cette vie ou dans une vie antérieure. Mais il est aussi vrai que tous les êtres se dirigent vers la libération ultime. Les situations difficiles que nous rencontrons sont donc des occasions d'apprendre et de grandir. Trop souvent, pourtant, nous remarquons seulement l'arbre qui cache la forêt. Nous ne voyons pas la bénédiction qui se dissimule derrière les événements désagréables.

Amma décrit l'attitude que devrait adopter un aspirant spirituel au sujet de son karma : « Un chercheur spirituel ne se préoccupe pas du bonheur ou du malheur qui lui échoit. Il sait que son karma est comparable à la flèche qui a déjà quitté l'arc. Rien ne peut l'arrêter. La flèche peut le toucher, le blesser ou même le tuer, mais cela lui est indifférent. Il ne veut pas échapper à son karma car il sait qu'il s'agit d'un processus de purification qui nettoie les taches qu'il s'est lui-même faites dans le passé, lors de quelque vie antérieure. Et par-dessus tout, le chercheur authentique bénéficiera toujours de la protection et de la grâce du guru. »

Les trapézistes sautent très loin d'un trapèze à l'autre, se suspendent par les chevilles, font des sauts périlleux à une hauteur impressionnante et accomplissent d'autres prouesses plus incroyables encore, tout en gardant le sourire. Peut-être se donnent-ils tout ce mal pour de l'argent, pour devenir célèbres ou simplement par goût des sensations fortes. Mais ce qui leur permet de réaliser leur numéro avec tant de confiance et de grâce sans être paralysés par la peur, c'est qu'ils savent de façon sûre et certaine qu'ils ne peuvent pas s'écraser par terre, car il y a un filet entre eux et le sol. De la même manière, quand nous savons que nous sommes en sécurité dans les bras d'Amma, et qu'elle ne nous abandonnera pas, même au moment de la mort, nous n'avons plus rien à craindre. Rien de ce que la vie peut nous réserver n'a le pouvoir de nous asservir.

Amma dit que notre « refuge » se trouve là où vont sans cesse nos pensées. Ce refuge peut être positif, négatif, intérieur ou extérieur. Mais rappelons-nous que tout refuge en dehors du guru ou de Dieu nous décevra et nous fera souffrir, tôt ou tard.

Un verset du *Srimad Bhagavatam* recommande :

*Demeurez auprès des plus grands saints :*
*Ces sages qui consacrent leur vie à Dieu,*
*Prenez-les comme modèles pour apprendre à vivre comme*
*il se doit*
*Afin de ne voir plus que l'Un dans ce vaste univers.*

Il y a quelques années, Amma s'amusait avec le bébé d'une dévote dans leur piscine privée. Le bébé était fasciné par le jet d'eau jaillissant d'un tuyau sur un des côtés du bassin. De temps en temps, Amma arrêtait complètement le jet en le bouchant avec la main et le bébé était déconcerté. Alors il repoussait systématiquement la main d'Amma pour que l'eau continue à jaillir. Progressivement, Amma a placé la main de plus en plus près de l'embouchure du tuyau jusqu'à ce que l'enfant puisse découvrir d'où provenait l'eau. De cette manière, elle a réussi à détourner sa fascination pour la forme du jet et à l'amener à regarder l'origine du jaillissement de l'eau.

Avec une patience et une persévérance infinies, elle procède de la même façon pour nous sevrer de notre dépendance par rapport au monde afin de nous aider à finalement nous réfugier en Dieu seul. Comme le bébé qui était tout d'abord si préoccupé par le jet d'eau, nous sommes ensorcelés par l'apparente réalité du monde changeant qui nous entoure et qui n'est, en fait, qu'une projection du mental. Et, comme Amma qui mettait parfois la main sur le jet d'eau, il arrive que Dieu nous prive des objets que nous désirons, ce qui nous jette dans la confusion et nous fait souffrir. De même que lorsqu'elle faisait cela, le bébé repoussait la main d'Amma, nous aussi, nous résistons aux efforts infatigables d'Amma qui cherche à nous enseigner la véritable nature de ce monde. Nous ne comprenons pas que c'est par compassion qu'elle essaie de nous arracher à nos illusions. Car c'est la souffrance qui nous aide vraiment à nous désintéresser des objets du monde pour nous tourner vers l'intérieur, vers la véritable source de tous nos bonheurs.

Dernièrement, un journaliste de la télévision a demandé à Amma : « Lorsque vous repensez à vos humbles débuts, n'êtes-vous pas émerveillée par l'ampleur que votre organisation a prise en si peu de temps et par le nombre rapidement grandissant de vos dévots ? »

Amma a répondu : « Je ne suis pas étonnée, car ce sont les petits ruisseaux qui font les grandes rivières. Cela n'a rien d'extraordinaire. » Puis elle a ajouté : « Si tout le monde était heureux, *ça*, ça serait un prodige. »

# Chapitre 7

# Vous Portez un Diamant :
# La Véritable Richesse,
# C'est La Spiritualité.

*« Pour mener une vie pure et altruiste, il faut, au sein de l'abondance, considérer que rien ne nous appartient. »*

– Bouddha

J'ai lu l'histoire d'un homme qui a gagné cent millions de dollars à la loterie. Quand il a reçu l'argent, il a su que son existence allait basculer du jour au lendemain. Mais ce qu'il mésestimait, c'est que tout ne changerait pas forcément pour le mieux.

Avant de gagner le gros lot, c'était un homme d'affaires relativement prospère qui vivait heureux avec sa femme. Ses petits enfants étaient déjà des adolescents. Après avoir gagné cette fortune, sa vie a été brisée : sa maison a été régulièrement cambriolée et on lui a volé plusieurs voitures. Il a commencé à fréquenter de drôles de gens qui, comme il le dit lui-même, l'ont entraîné à faire ce qu'il n'avait encore jamais fait. Il a fini par être arrêté au volant en état d'ivresse et on lui a retiré son permis de conduire. Son épouse l'a quitté et sa petite fille est morte d'une overdose. Cet homme disait qu'il rendrait volontiers les cent millions s'il pouvait retrouver la vie qu'il avait menée auparavant.

En fait, plus on s'implique dans la vie extérieure, plus la spiritualité devient une nécessité. Amma dit qu'en vérité, il est difficile de faire la différence entre la spiritualité et la vie dans le monde. Car la spiritualité n'est rien d'autre que l'art de vivre de façon juste. C'est un mode d'emploi pour savoir comment faire bon usage du corps physique, des émotions et des pensées.

La vie est bien plus subtile et complexe que nous ne l'imaginons. C'est tout un art intérieur de savoir utiliser au mieux ce qui se présente afin de vivre heureux. Si nous ne savons pas comment vivre ni comment utiliser les objets du monde, à quoi bon ? Combien d'hommes ayant soi-disant « réussi » se tuent au travail pour s'offrir une voiture de luxe avec laquelle ils risquent un jour d'avoir un accident en conduisant sous l'emprise de l'alcool ?

Rien ne nous empêche de rechercher la richesse matérielle et le confort, mais il faut un maître spirituel comme Amma pour nous enseigner la méthode intérieure subtile pour en faire bon usage. La paix et le bonheur durables nous échappent parce que nous ne saisissons pas la véritable nature du monde ou que, l'ayant saisie, nous n'avons pas la force émotionnelle nécessaire de mettre en pratique ce que nous avons compris.

Nous ne pouvons pas prétendre être heureux en cherchant à vivre comme dans une bulle, en restant complètement à l'écart du reste de la société et du monde. Une telle attitude va à l'encontre de la réalité de la vie, des lois de la nature et de l'univers, ou même tout simplement de la science.

Un article de journal en fait état : cela revient en moyenne à 80 000 dollars pour démazouter un phoque après une marée noire. Deux phoques ont été relâchés à la mer, en grande pompe, au milieu des hourras et des applaudissements des spectateurs.

Une minute plus tard, les deux phoques ont été dévorés par des épaulards. Horrifiés et déçus, les gens ont pensé que tous leurs efforts avaient été anéantis. Mais n'est-il pas dans notre intérêt de préserver l'écosystème dans son ensemble ? L'épaulard ne fait-il pas, lui-aussi, partie de ce système ? Si cette action a servi l'environnement au sens large, personne ne peut s'en plaindre, même si ce n'était pas le résultat qu'on souhaitait ou prévoyait. Les amis des phoques en avaient le cœur brisé.

Leurs efforts pour la réalisation de ce projet sont certainement dignes de louanges, mais dans leur désir d'aider les phoques, ils ont oublié la réalité de la vie sauvage et créé eux-mêmes leur déception. C'est ainsi que, même lorsque nous travaillons pour une noble cause, nous développons fréquemment un attachement inconscient aux résultats. Quand les choses ne se déroulent pas comme prévu, nous perdons l'enthousiasme nécessaire pour persévérer à aider autrui et amener un changement positif dans le monde. Somme toute, ce n'est malheureusement pas le bien de tous qui détermine comment nous réagissons dans une situation, mais généralement nos attentes et nos désirs personnels.

Un incident tiré de la vie du grand saint Tulsidas montre à quel point le désir et l'attachement peuvent nous aveugler. Un jour, alors que Tulsidas s'était absenté, sa femme reçut un message urgent de ses parents. Ceux-ci lui demandaient de venir les voir dans leur village situé de l'autre côté du Gange. Quand Tulsidas revint chez lui, sa femme était partie. Il lui était impossible de rester en place. Il voulut la voir sur-le-champ et décida d'aller la retrouver immédiatement.

Il pleuvait des trombes d'eau et le fleuve avait grossi. Tulsidas ne savait pas nager et il ne trouvait pas de bateau, mais il ne se découragea pas pour autant. Apercevant un cadavre qui flottait près de la berge, il l'attrapa sans hésiter et l'utilisa comme radeau pour traverser le Gange.

Quand il arriva enfin chez ses beaux-parents, il était très tard et la maison était fermée. Comme il ne voulait pas attendre jusqu'à l'aube, il escalada furtivement la façade et grimpa sur le toit. De là, il attrapa ce qu'il crut être une corde dans l'espoir qu'en se balançant, il pourrait atteindre la fenêtre de la chambre où se trouvait sa femme. Cependant, comme la corde était en réalité un serpent, celui-ci s'enfuit aussitôt qu'il se sentit agrippé, et Tulsidas tomba comme un sac dans la chambre de sa femme. Sa chemise était déchirée. Il était trempé. Son corps puait le cadavre. Ne le reconnaissant pas, sa femme cria : « Au voleur ! »

Tulsidas se fit reconnaître en disant : « Je ne suis pas un voleur ordinaire. Je ne veux que ton cœur. »

Loin d'être impressionnée par son affectueuse éloquence, sa femme répliqua : « Es-tu si attaché à moi que tu ne peux pas supporter de me laisser pour une seule nuit ? Si tu avais dédié ne serait-ce que la moitié de cet attachement au Seigneur Rama, il y a longtemps que tu aurais atteint la libération. »

En entendant ces paroles, Tulsidas fut complètement transformé. Il consacra le reste de sa vie à la contemplation de Rama et composa sa propre version du *Ramayana*, le *Ram Charit Manas*, qui est resté populaire encore aujourd'hui.

Comme Tulsidas aveuglé par le désir, nous poursuivons une gratification immédiate et oublions trop souvent le but de notre vie. Mais quand nous commençons à comprendre combien les désirs nous limitent, nous nous tournons tout naturellement vers la vie intérieure.

Nous passons notre existence à nous faire du souci, à courir pour « gagner du temps » et ne savons même pas utiliser notre temps libre. À la fin de notre vie, nous pensons : « Si seulement j'avais compris plus tôt à quel point la vie est merveilleuse ! » Ceci ne veut pas dire que l'essence de la spiritualité soit l'inactivité. Si c'était le cas, tous les arbres et les rochers inanimés seraient les plus grands saints du monde. Il s'agit au contraire d'agir, mais sans s'attacher aux résultats. C'est ce que fait Amma. Elle agit calmement, avec équanimité.

Dans la *Bhagavad Gita* (2.49), Sri Krishna dit à Arjuna :

*dūreṇa hyavaraṁ karma buddhiyogād-dhanaṁjaya
buddhau śaraṇam anviccha kṛpaṇāḥ phalahetavaḥ*

L'action motivée par la recherche d'un résultat particulier est très inférieure, ô Dhananjaya, à celle accomplie avec un mental équanime ;
Prends donc refuge dans la tranquillité d'un mental paisible ; ceux qui ont pour seul motif d'agir le résultat de leur action sont bien à plaindre.

Moins de passion ne signifie pas moins d'énergie, mais moins d'énergie gaspillée à cause de nos émotions ; il nous reste donc plus d'énergie pour servir les autres. Voilà donc la meilleure, ou plutôt la seule et unique technique pour gérer nos ressources énergétiques limitées et les consacrer efficacement au service de tous les êtres. Celui qui est continuellement submergé par ses émotions ne pourra jamais accomplir grand chose. Dans tous les domaines, la gestion consiste en grande partie à réduire le gaspillage et à augmenter l'efficacité. Un mental non maîtrisé nous fait perdre du temps et de l'énergie en réagissant de façon disproportionnée, en ressassant le passé et en s'inquiétant de l'avenir. Il n'est pas efficace à cause de son incapacité à percevoir les principes essentiels à l'œuvre dans chaque situation. Ceux qui parviennent à leur but sont dotés d'un mental équanime, souple, patient et indulgent.

En observant Amma de près, nous remarquons qu'elle ne gaspille jamais ni son temps ni son énergie. Tout en donnant le darshan, elle s'occupe de mille autres choses : elle répond aux journalistes, aux innombrables questions relatives à ses multiples œuvres caritatives, elle prodigue des conseils et porte une attention toute particulière aux dévots et disciples qui en ont besoin, demande la mise en place de divers moyens visant à améliorer le confort de la foule qui attend pendant le darshan, elle donne des mantras, et des noms spirituels...

Bien entendu, au niveau physique, certaines personnes sont, à première vue, capables d'en faire autant qu'Amma. Par exemple, certains aiment prendre les autres dans leurs bras. Et ils peuvent embrasser plus d'individus que la moyenne des gens. Mais, à y regarder de plus près, auraient-ils la patience d'étreindre sans s'arrêter des milliers de leurs congénères, sans manger ni dormir, chaque jour pendant tant d'années ? Il y a aussi quelques chefs d'entreprise qui, comme Amma, sont capables de diriger simultanément plusieurs affaires. Mais savent-ils en même temps donner, comme elle, l'exemple parfait du renoncement et du sacrifice ? Certains savants en savent long sur les phénomènes extérieurs, mais comprennent-ils ce qu'il y a dans le cœur et la tête des autres ?

Nous nous fatiguerions vite de rester à côté d'Amma à écouter tous les problèmes qu'on lui soumet, même si on ne nous demandait pas d'en trouver les solutions. Amma offre aux dévots la chance de passer du temps près d'elle en effectuant un travail tout simple, comme de placer dans sa main le prasad qu'elle donne pendant le darshan. Mais Amma va quelquefois si vite, et il y a tant de distractions autour d'elle que cette petite tâche élémentaire s'avère difficile pour certains, alors qu'Amma accomplit avec grâce et à la perfection une dizaine d'actions à la fois.

Souvenons-nous qu'Amma ne se contente pas d'étreindre les foules au cours de programmes marathons, bien que cela constitue, en soi, un miracle. Elle parle, et elle console les dévots qui viennent au darshan. Elle répond à leurs questions, leur donne des conseils, les félicitent quand ils ont fait quelque chose de bien. Amma passe ainsi quotidiennement au moins douze heures à parler. En plus, elle chante les bhajans tous les jours. Nous perdons notre voix si nous avons à parler toute la journée pendant deux

jours d'affilée. Il arrive qu'Amma s'enroue, mais pas pour long-temps. L'instant suivant, grâce à sa seule volonté, elle se remet à parler et à chanter avec l'aisance toute professionnelle d'un orateur ou d'un chanteur. Notons que, généralement, ces derniers doivent complètement reposer leur voix le jour de leur représentation et prennent soin de leurs cordes vocales à grand renfort de tisanes et de pastilles pour la gorge.

En dépit de ses multiples activités, Amma ne montre jamais aucun signe de tension. Si un individu ordinaire devait accomplir une infime partie de ce qu'Amma effectue en une journée, il deviendrait hypertendu, et susciterait des tensions chez les autres. Cependant Amma se montre inépuisable et inlassable. D'une part, elle ne ressent aucun stress et d'autre part, elle a la capacité de libérer les gens de leur stress. J'ai bavardé avec de nombreux psychiatres et psychothérapeutes qui voient en Amma une panacée contre le stress.

Amma a un secret qui lui permet d'exprimer toutes ces qualités divines : l'*Atma jnana*, la connaissance du véritable Soi. Les Écritures disent que quand Atma jnana est connu, tout le reste est connu. Si nous savons contrôler l'énergie contenue dans le noyau d'un atome, nous pouvons utiliser cette énergie dans n'importe quel domaine. De la même façon, la connaissance du Soi imprègne toutes les pensées d'Amma. En observant Amma, nous remarquons un paradoxe intéressant : elle perçoit simultanément le tout et chacune des parties du tout. Voyant les détails minuscules, elle dit : « Amma considère que vous l'aimez vraiment seulement si vous aimez aussi la moindre petite fourmi. » Et le moment suivant, elle donne des conseils pour la gestion de ses institutions énormes comme AIMS, l'hôpital de 1300 lits ou Amritavidyalayam, ses 53 écoles réparties dans toute l'Inde.

Un être réalisé comme Amma comprend en profondeur l'affirmation des Écritures selon laquelle « Le microcosme et le macrocosme sont une seule et même chose ». Comme les mahat-mas ont perçu leur unité avec le Soi omniprésent, ils voient le tout dans l'individu et l'individu dans le tout. En disant que l'univers entier demeure en chacun d'entre-nous, Amma se réfère au fait que le *jivatma* (l'âme individuelle) et le *Paramatma* (l'être suprême) ne font qu'un. Quand son ignorance disparaît, le jivatma prend conscience qu'il n'est autre que le Paramatma, comme une vague qui comprendrait qu'elle n'est pas différente de l'océan qui la constitue.

Si nous voulons davantage ressembler à Amma, nous devons suivre une progression logique. Un scientifique qui cherche à domestiquer l'énergie infinie contenue dans le noyau de l'atome doit d'abord étudier la structure de l'atome qui renferme l'énergie nucléaire. De même, pour accéder à l'Atma jnana, il nous faut en premier lieu comprendre la nature de notre propre esprit qui cache et révèle notre nature infinie.

Un matin, un roi sortit de son palais pour aller se promener. Un homme misérablement vêtu surgit sur sa route et lui barra le passage. Le monarque, loin de chasser l'offenseur, lui demanda ce qu'il désirait.

La réponse surprit le souverain. Le clochard se mit à rire à gorge déployée. Quand il reprit enfin son souffle, il s'exclama : « Si je comprends bien, tu crois pouvoir satisfaire mon désir !

— Mais naturellement ! Dis-moi seulement de quoi il s'agit, répliqua le roi.

— Réfléchis à deux fois avant de promettre quoi que ce soit ! avisa le vagabond.

— Je peux satisfaire n'importe quelle demande », insista le monarque sans prendre garde à l'avertissement. « Je suis le maître de tout ce que tu vois. Comment pourrais-tu souhaiter une chose que je ne serais pas en mesure de te donner ?

— En fait, mon désir est tout simple : je voudrais que tu remplisses mon bol avec quelque chose, ce que tu veux.

— C'est comme si c'était fait ! » promit le souverain.

Il ordonna à l'un de ses intendants d'apporter de quoi remplir plusieurs fois le bol du gueux de pièces d'or. L'intendant disparut à l'intérieur du palais et en ressortit avec un gros sac d'or. Il en déversa le contenu dans le bol à aumônes. Celui-ci aurait dû déborder. Mais il se produisit une chose étrange. Les pièces disparaissaient du récipient, dès qu'on les y versait, comme si le bol avait été bien plus profond que son apparence le laissait supposer. Pensant que le bol était truqué, le roi fit signe à l'intendant de continuer à verser des pièces d'or. Sans doute, y aurait-il une limite à cette bizarrerie. Mais l'intendant continuait à verser et les pièces continuaient à disparaître aussitôt qu'elles touchaient le bol. À la fin, l'énorme sac d'or fut complètement vide et pourtant aucune pièce ne se trouvait dans le bol. Comme le monarque s'était engagé à remplir la coupe du mendiant et qu'il restait convaincu qu'elle ne pouvait contenir qu'une petite portion de son énorme fortune, il renvoya son intendant à la salle du trésor pour chercher un autre sac. Mais la même scène se répéta encore et encore.

En peu de temps, la nouvelle se répandit qu'un spectacle ahurissant se déroulait aux portes du palais. Vers midi, une foule de curieux s'étaient rassemblés. À présent, l'honneur du souverain était en jeu. Son intendant le pressa de renvoyer le clochard et de cesser de verser de l'or dans le bol sans fond. Mais le roi déclara : « Même si je dois y laisser tout le royaume, je ne céderai pas devant ce vagabond. »

Quand la réserve de pièces d'or fut épuisée, le monarque continua à vider le trésor pour remplir la coupe avec des diamants, des perles et des émeraudes… et tout ce qu'il y fit verser disparut immédiatement dans un tourbillon. Au soleil couchant, ce qui avait été la salle du trésor n'était plus qu'une pièce vide. Les spectateurs déconcertés restaient silencieux. Le souverain finit par tomber aux pieds du mendiant en signe de défaite : « Tu as gagné. Je n'ai pas pu remplir ta coupe, c'est certain. Mais avant que tu ne partes, me diras-tu de quoi ce bol est fait ?

— Ce n'est pas un secret, expliqua le clochard. Ce bol n'est rien d'autre que le mental humain. Il ne peut jamais être satisfait. »

En fait, chercher à épuiser ses désirs en les exauçant revient à espérer éteindre un feu ardent en y versant de l'huile. Chaque fois que nous cédons à un désir, celui-ci se renforce. Le seul moyen de surmonter nos désirs est d'utiliser notre discernement pour déceler les défauts inhérents aux objets que nous convoitons. C'est cela qui nous donne la force intérieure d'y renoncer.

Il y a quelques siècles, au Pays Tamoul, vivait un grand sage nommé Pattinathar. Avant de renoncer au monde, il avait possédé la plus grosse fortune de Kavirapoom Pattinam, une ville côtière, mais il n'avait pas eu d'enfant. Or un brahmane trouva un jour un nourrisson au pied d'un arbre. Sachant à quel point Pattinatthar désirait un fils, le brahmane lui apporta le petit et il en fut richement récompensé. Pattinathar prit soin du bébé comme s'il s'agissait de son propre enfant.

Devenu jeune homme, le fils adoptif demanda à son père de le laisser partir en mer faire fortune comme marchand. Malgré ses réticences à le voir s'en aller, Pattinathar lui en donna la permission car il espérait que le garçon suivrait ses traces et augmenterait sa propre fortune. Peu de temps après, le fils loua un bateau et mit le cap vers des ports étrangers.

Quelques mois plus tard, Pattinathar apprit que le bateau de son enfant était rentré. Toutefois, il semblait y avoir un problème : les gens racontaient que le jeune marchand avait perdu la raison et qu'il était revenu avec une cargaison de balles de riz et de fumier séché. Outragé, le père se précipita au port pour en avoir le cœur net. Peut-être sans s'en rendre compte croisa-t-il son fils en chemin ; en tout cas, quand il atteignit le bateau, le jeune homme n'y était plus. Quand Pattinathar descendit dans les cales, il sut que la rumeur disait vrai : du sol au plafond, d'une cloison à l'autre, les cales étaient bourrées de balles de riz et de fumier.

Maudissant son destin et son bon à rien de fils, il ramassa un paquet de fumier séché et le jeta violemment contre la paroi du bateau. En heurtant le mur, le paquet éclata et des petites pierres brillantes roulèrent partout dans la pièce. En regardant de plus près, le père découvrit que le paquet de fumier séché était bourré de diamants, de perles et de pierres précieuses. Il ramassa quelques autres paquets de fumiers et les fouilla. Ils contenaient tous la même chose. Son fils avait ainsi caché un véritable trésor pour éviter d'être pillé au retour par les pirates.

Pattinathar courut chez lui, les larmes aux yeux : larmes de joie en pensant à l'ingéniosité et au succès de son fils, et larmes de remords pour l'avoir maudit si cruellement. Le visage blême, sa femme l'attendait sur le seuil de leur maison. Elle l'informa que leur fils était venu mais qu'il était déjà reparti[1], ne laissant derrière lui qu'une petite boîte qu'il avait prié sa mère de remettre à Pattinathar quand celui-ci rentrerait.

À l'intérieur de la boîte se trouvait une note enroulée autour d'une minuscule aiguille à coudre dont le chas était cassé. La note disait : « Au moment de mourir, tu ne pourras rien emporter, pas même cette aiguille cassée. » Pattinathar lut le message. La petite aiguille inutilisable dans le creux de la main, il se sentit foudroyé. Pour la première fois de sa vie, il comprit qu'en dépit de sa fortune, il quitterait ce monde les mains vides. Il ne pourrait prendre avec lui la moindre chose, même la plus dérisoire ou inutile, comme cette aiguille cassée.

---

[1] Depuis, personne n'a revu le fils adoptif de Pattinathar, personne ne sait ce qu'il est devenu. Beaucoup pensent qu'il était une incarnation du Seigneur, dont le seul dessein était de faire entrer Pattinathar sur le chemin spirituel.

Après cette prise de conscience, l'homme riche décida d'abandonner son foyer, de laisser sa maison et de se consacrer exclusivement à Dieu. Avant de partir, il ordonna à son comptable de distribuer ses biens aux pauvres.

En apprenant que l'homme le plus prospère du port de Kavirapoom Pattinam renonçait au monde, le roi du pays fut choqué. Il avait parfois bénéficié de la générosité de Pattinathar pour renflouer les caisses du royaume et il partit donc à la recherche du nouveau sannyasi.

Il le trouva à l'extérieur de la ville, dans un lieu désert, assis sur un rocher et vêtu seulement d'un pagne. Le roi s'approcha de lui et lui demanda : « Que vous est-il arrivé ? Vous étiez l'homme le plus riche du royaume. Cela vous avance à quoi de renoncer à tout ? » Pattinathar leva les yeux vers le roi et lui sourit. « Ô Roi, auparavant, chaque fois que vous passiez, je restais debout parce que je vous devais le respect. Vous me faisiez appeler, et j'accourais comme un esclave. À présent, c'est vous qui venez me voir et demeurez debout tandis que je reste assis. »

Une fois libéré de tout désir, Pattinathar n'avait plus rien à gagner en cherchant l'approbation du roi. De son côté, le roi n'avait plus rien à lui offrir qui puisse le tenter. Prenant conscience de la véracité des paroles du sage, le roi se prosterna simplement aux pieds du renonçant et retourna au palais sans dire un mot.

Seul celui qui possède quelque chose peut donner à quelqu'un d'autre. Bien entendu, plus on est riche, plus on peut donner. Mais Amma nous rappelle : « La spiritualité est la richesse authentique. C'est cette richesse intérieure qui nous aide à être 'plus prospère que le plus prospère' ». D'après ce critère, Amma est, et a toujours été, la personne la plus riche du monde. Cela fait 36 ans qu'elle distribue sans compter son trésor spirituel à travers le monde et ce trésor n'a jamais diminué. Même s'ils n'en sont pas toujours conscients, ceux qui viennent au darshan repartent avec un diamant inestimable : la bénédiction d'Amma.

# Chapitre 8

# Gérer le Mental

*« Beaucoup de gens confondent mauvaise gestion et destin. »*

– Kin Hubbard

De nos jours, même dans le monde des affaires et dans l'armée, on s'intéresse à des domaines relevant de la spiritualité comme la relaxation ou la sérénité du mental. Les centres de formation de l'armée indienne ont prié Amma d'initier plus d'un million de soldats à la méditation. Les moines d'Amma ont enseigné gratuitement « IAM, technique de méditation Amrita intégrée » dans tous les centres de formation de l'armée du pays, et ensuite, d'autres corps de l'armée ont demandé à bénéficier de la même formation. Beaucoup d'hommes d'affaires viennent voir Amma pour recevoir ses conseils, et quelques entreprises proposent des stages de méditation IAM à leurs employés. Il est clair que les principes de la spiritualité peuvent s'appliquer, entre autres, au monde des affaires. Et la spiritualité gagne aussi à mettre en pratique certains des principes essentiels de la gestion.

Un jour, dans un grand magasin, toutes les lumières s'éteignirent. Il faisait noir comme dans un four et les clients n'y voyaient goutte. Angoissée, une dame s'adressa à un vendeur qui se trouvait à ses côtés : « Pourriez-vous, s'il vous plaît, faire quelque chose pour arranger cela ?

— Désolé, madame, répondit le vendeur. Moi, je m'occupe de la vente, je ne suis pas le gestionnaire. »

Cette histoire drôle démontre un point important : pour réussir sa carrière et gagner sa vie, il suffit de se spécialiser dans un certain domaine. Un vendeur n'a pas besoin de s'y connaître en gestion et le gestionnaire peut tout ignorer des techniques de vente. Toutefois, quand il s'agit de réussir sa vie, il faut apprendre à être à la fois vendeur et gestionnaire, faire la promotion de bonnes choses pour le mental et gérer les situations délicates.

Il y a des gens qui n'ont pas une très bonne opinion des gestionnaires en général, comme dans cette histoire où un homme qui voyage en montgolfière se rend compte qu'il s'est perdu. Il fait descendre le ballon et aperçoit quelqu'un dans un champ en dessous. Il réduit encore l'altitude et crie à l'inconnu : « Excusez-moi, pouvez-vous me dire où je suis ?

— Oui. Vous êtes dans un aérostat à environ neuf mètres au-dessus du sol.

— Voilà qui ne m'avance pas beaucoup, mon ami.

— Vous, vous travaillez dans l'administration... si je ne me trompe.

— Effectivement, mais comment avez-vous deviné ?

— Facile : vous ne savez ni où vous êtes ni ce que vous faites, n'est-ce pas ? Bientôt ça va être de ma faute... Et en plus vous comptez sur moi pour vous aider ! »

Ce n'est pas ce type de gestion qui nous intéresse lorsque nous parlons de gérer le mental. Gérer le mental, ce n'est pas trouver de bonnes excuses ou accuser les autres pour éviter d'assumer ses responsabilités. C'est au contraire chercher à maîtriser ses pensées et à contrôler les réactions du mental.

C'est l'histoire d'un homme qui se dépêche de prendre son petit déjeuner en famille avant de filer au bureau. Ce matin-là, il doit prendre la parole dans le cadre d'une réunion extrêmement importante où le sort de son entreprise va se jouer. En voulant prendre la bouteille de jus d'oranges, sa fille renverse par mégarde la tasse de café de son père. Le café éclabousse sa chemise blanche fraîchement repassée. Déjà angoissé à l'idée des conséquences possibles de la réunion du matin, le père se met en colère et gronde sa fille en lui reprochant vivement son manque d'attention. Il va changer de chemise. En sortant, il voit sa fille assise sur les marches devant la maison en train de pleurer. Affolée par l'accès de colère de son père, elle a raté son bus et il faut qu'on la conduise à l'école en voiture.

Il est déjà tard. Afin de déposer sa fille à l'école et arriver à temps au bureau, il dépasse largement la limite de vitesse.

Il se fait arrêter par la police, qui lui inflige un sermon sur les méfaits de la vitesse au volant et une lourde amende. Quand il arrive enfin à la réunion, il est en retard et il s'aperçoit qu'il a oublié chez lui l'attaché-case où sont rangés tous les papiers dont il a besoin pour faire son exposé. Il ne peut pas intervenir comme prévu. Conclusion : son entreprise est rachetée par un concurrent. On le licencie illico. Du jour au lendemain, il se retrouve au chômage, en conflit avec sa fille et sa femme qui lui en veulent. En réfléchissant, il prend conscience que tous ses tourments viennent de ce qu'il a réagi de façon disproportionnée quand sa fille a renversé la tasse de café. Il n'était peut-être pas en son pouvoir d'empêcher cet incident. Mais s'il avait gardé son calme à ce moment-là, il aurait pu éviter le reste des problèmes. Sa colère avait fait toute une montagne d'un simple incident.

Amma définit souvent la spiritualité comme l'art de gérer le mental. Cependant, pour bien le gérer, nous devons également devenir d'excellents vendeurs car le mental est un client exigeant qui refuse généralement ce qui est bon pour nous.

Amma dit aussi que le mental est le plus grand vendeur de tous les temps. C'est un expert dans l'art de nous vendre ses idées et ses choix à lui, et particulièrement des choses qui nous apportent une satisfaction à court terme mais nous nuisent à long terme. Aussi devons-nous apprendre à surpasser les techniques de vente du mental pour discerner les bonnes affaires des mauvaises et convaincre le mental de suivre le bon chemin. Amma donne l'exemple de l'enfant à qui on donne le choix entre un bol rempli de bonbons et un bol rempli de pièces d'or. L'enfant choisira toujours les bonbons car ils procurent un plaisir immédiat. L'enfant ignore qu'avec les pièces d'or, il pourrait acheter tous les bonbons qu'il veut, et en plus régler la facture du dentiste qui lui soignera les dents plus tard.

Avec notre raisonnement d'adultes, nous pensons que c'est facile de choisir entre l'or et les bonbons, mais nous qui sommes quotidiennement confrontés à des choix du même ordre, comment réagissons-nous ? Entre regarder la télévision ou méditer, entre trouver un moyen d'aider les gens ou bien aller nous acheter de nouveaux vêtements, entre lire le dernier roman policier ou la *Bhagavad Gita* … que choisissons-nous ?

L'histoire de Nachiketas dans la *Katha Upanishad* est très instructive à ce sujet. En quête de la connaissance véritable, un enfant appelé Nachiketas se rend auprès de Yama, le Seigneur de la Mort. Mais quand Nachiketas demande à Yama de l'instruire, ce dernier cherche à le dissuader de poursuivre sa recherche en lui offrant tous les plaisirs du monde et du Ciel, comme une longue vie, la santé, de merveilleux palais, des nymphes célestes et une fortune illimitée. Le Seigneur de la Mort est bon vendeur, mais l'enfant est un client très exigeant. Il rejette sans hésiter tout ce que Yama lui offre. Rien ne saurait le satisfaire excepté l'Atma jnana.

En réalité, avant d'initier Nachiketas à la connaissance spirituelle, le dieu de la Mort voulait le tester pour s'assurer qu'il en était digne.

Heureusement pour nous, Amma n'est pas si exigeante. Elle ne nous soumet pas à ce genre d'épreuves draconiennes. C'est peut-être parce qu'elle sait que la plupart d'entre-nous échoueraient. Nous serions trop heureux de nous laisser tenter !

Tel un homme d'affaires expérimenté qui étudie le marché, la concurrence et le comportement des consommateurs, Amma comprend la nature du monde et celle des êtres humains. Elle connaît leurs comportements et leurs habitudes. Elle sait qu'à notre époque, la spiritualité se vend mal. Elle plaisante parfois en disant que si Dieu en personne venait nous proposer la réalisation divine pendant que nous regardons la télé, nous répondrions :

« Seigneur, ce programme ne sera pas rediffusé. Mais comme toi, tu es éternel, ne pourrais-tu pas repasser un peu plus tard… ? »

Télévision, romans policiers, centres commerciaux et autres distractions se disputent notre attention. C'est pourquoi Amma nous offre un ensemble de prestations « tout en un ». Lorsque nous lui parlons d'un désir ou d'un problème, elle nous permet de satisfaire le premier ou de résoudre le second. En même temps, elle nous aide à diriger progressivement nos pensées vers la spiritualité.

Nombreux sont les jeunes Indiens qui ont confié à Amma leur désir d'aller en Amérique et ont trouvé un travail là-bas. Mais avec le temps, comme ils voient Amma deux fois par an pendant ses tournées aux États-Unis, ils se sentent tellement inspirés par son exemple, que très vite, ils n'ont plus qu'une envie : retourner en Inde pour vivre dans son ashram.

Il est difficile d'inciter le mental à acquérir les articles qui lui sont favorables, mais Amma rend ses produits (amour inconditionnel, compassion et service désintéressé) irrésistibles. Alors on peut dire que, d'une certaine façon, bien qu'elle nous offre tout cela gratuitement, Amma est aussi dans la vente… Mais elle ne se limite pas à cela, elle assure également la direction.

Comme le réseau d'œuvres caritatives de l'ashram (Mata Amritanandamayi Math) s'étend de plus en plus, on pourrait croire qu'Amma n'est plus impliquée au jour le jour dans leur administration et qu'elle se contente dorénavant d'en être juste l'emblème. Mais en réalité, même si les activités de l'ashram augmentent, Amma continue à assurer à la fois les fonctions de directeur général de l'ensemble de ses oeuvres et de directeur de chacune de ses institutions. Elle passe quotidiennement plus de la moitié de la journée à donner le darshan, et pourtant elle arrive toujours à conseiller des milliers de gens qui travaillent pour l'ashram ou à communiquer avec eux. De plus, elle nourrit une relation personnelle avec chacun de ses dévots. C'est peut-être l'un des plus grands miracles dont le monde ait jamais été témoin.

Amma pourrait bien être la seule personne sur Terre qui reçoive des dizaines de milliers de gens qu'elle appelle individuellement par leur prénom. Il y a quelques années, peu de temps après un darshan à Cochin, un des chauffeurs de l'ashram est venu à Amritapuri. Quand Amma l'a vu, elle lui a demandé : « Où étais-tu donc passé pendant le programme de Cochin ? »

Le chauffeur a expliqué qu'il avait assité au satsang et aux bhajans mais qu'en voyant la foule qui devait passer au darshan, il avait voulu épargner à Amma d'avoir à l'embrasser lui-aussi : « J'ai pensé que tu avais déjà bien assez à faire.

— Qui donc avait assez à faire, toi ou moi ? a demandé Amma. Tu aurais dû venir au darshan. »

Ce qui avait surpris le chauffeur, c'est qu'Amma ait remarqué son absence, et plus encore, qu'elle lui en ait parlé. J'étais tout près, et moi aussi j'étais vraiment étonné. Après tout, quel directeur d'entreprise s'inquièterait de l'absence d'un chauffeur parmi ses centaines d'employés ? Mais Amma a bavardé avec lui comme si elle avait tout son temps.

Je me suis souvent demandé si, mine de rien, Amma n'avait pas trouvé le moyen de mettre plus de 24 heures dans une journée. Mais souvenons-nous que tous ceux qui ont réalisé de grandes choses ne disposaient que de 24 heures par jour, tout comme les délinquants et les désœuvrés. Ainsi, ce que nous sommes capables d'accomplir dépend de la façon dont nous utilisons le temps.

Les anecdotes suivantes prouvent à quel point Amma s'implique toujours dans les activités quotidiennes de ses institutions. Je tiens la première du brahmachari responsable du campus universitaire d'Amritapuri. Outre les écoles de techniciens, celle de biotechnologie et la faculté de médecine ayurvédique, il existe depuis l'année dernière, une école des Arts et des Sciences, et depuis cette année, une école pour former les travailleurs sociaux. Cette expansion rapide du campus a nécessité évidemment l'acquisition de nouveaux ordinateurs. Ce moine a demandé aux divers chefs de département de consulter les équipes administratives et pédagogiques pour l'informer ensuite du nombre d'ordinateurs à acquérir. Peu de temps après, les responsables ont présenté une demande officielle de 150 appareils. Heureux de leurs efforts, le brahmachari est allé aussitôt en faire part à Amma. Mais quand il a avancé ce nombre, elle a dit :

« Pourquoi veux-tu dépenser tant d'argent quand cela n'est pas nécessaire ? Tu ferais mieux d'étudier la question avant de me présenter une telle demande. »

Sans protester, le brahmachari est parti le cœur gros, en songeant : « Pourquoi dit-elle ça ? Après tout, les responsables des établissements ont étudié ce projet en détail et consulté tous les membres des équipes concernées. » Tard dans la nuit, il tournait dans son lit sans pouvoir dormir, quand il a brusquement compris qu'Amma avait vu juste. « Tu ferais mieux d'étudier la question avant de me présenter une telle demande », avait-elle dit. Ce reproche était justifié. Il n'avait pas mené l'enquête lui-même. Il s'était contenté de rassembler les chiffres des divers départements et les avait acceptés sans rien vérifier. Il a passé le reste de la nuit à reprendre toutes les données. Il a fini par se rendre compte que les chefs de départements n'avaient pas envisagé le partage de leurs ressources. Et en fait, ce n'était pas 150, mais 90 ordinateurs seulement qu'il convenait d'acheter. Cette simple prise de conscience faisait économiser plus d'un million de roupies. Le lendemain, le brahmachari est retourné voir Amma avec une nouvelle proposition. Avant qu'il ait pu ouvrir la bouche, Amma l'a regardé en souriant. Tout en donnant le darshan, elle lui a demandé : « As-tu fait tes devoirs ? » Il a montré à Amma ce qu'il avait trouvé et elle lui a donné le feu vert pour acheter les ordinateurs.

Un des plus récents projets de l'ashram est appelé *Matru Granam*, c'est-à-dire « le village d'Amma. » L'ashram crée des coopératives gérées par les femmes des villages voisins où, depuis des générations, les familles n'ont qu'une seule source de revenu : la pêche. Autrefois, si la pêche était mauvaise ou s'il arrivait malheur à leur mari, femmes et enfants n'avaient plus qu'à mourir de faim. Aujourd'hui, c'est au sein-même de leur communauté que l'ashram offre aux femmes une formation et une aide matérielle pour confectionner et vendre des articles variés. Ces coopératives fabriquent toutes sortes de produits, des chaussures, du chocolat, des uniformes scolaires, des saris, des conserves de poissons et de piments. Il a beau exister déjà plus de 600 coopératives de ce genre, Amma suit de près les progrès de chacune d'entre-elles.

Dernièrement, un groupe de ces femmes a apporté à Amma un dessert au lait qu'elles avaient préparé et qu'elles s'apprêtaient à commercialiser. Amma était très occupée à donner le darshan car la foule était énorme ce jour-là. Et pourtant, elle a pris le temps de goûter le fruit des efforts de ces femmes. Elle a remarqué aussitôt que quelque chose n'allait pas. Elle a questionné les femmes sur leur recette et il est apparu que par souci d'économie, elles avaient remplacé le beurre clarifié par de l'huile de palme. Amma leur a expliqué que l'huile de palme gâchait le goût de leur sucrerie. Elle a appelé ensuite le brahmachari responsable de la cuisine de l'ashram pour lui demander de montrer aux femmes comment fabriquer ce dessert en utilisant les ingrédients adéquats. Il ne s'agissait que de l'une des 600 coopératives, que de l'un des nombreux projets de l'ashram, mais Amma voulait quand même s'assurer que ces femmes travaillaient correctement.

« Rien n'est insignifiant. Un avion peut s'écraser à cause de quelques minuscules vis oubliées. Chaque chose a sa place dans la création de Dieu. Il ne faut rien négliger », affirme-t-elle. En fait, Amma s'est toujours beaucoup intéressée aux détails qu'on oublie facilement. Il y a des années, après la construction du temple principal de l'ashram, nous avons appris qu'Amma était sur le toit. Nous l'avons trouvée accroupie, en train de chercher quelque chose avec autant de concentration que si elle avait perdu de l'or. En fait, elle ramassait des clous tordus et des petits bouts de métal qui traînaient là depuis la fin du chantier. Pourquoi Amma attachait-elle tant d'importance à ces débris ? Sans que nous l'interrogions, Amma a expliqué que lorsque l'ashram était plein, les dévots venaient dormir sur le toit et risquaient de se blesser les pieds sur ces bouts de métal. Si quelqu'un est diabétique, la blessure risque de s'infecter et de nombreux dévots n'ont pas les moyens de se soigner. En plus, Amma a précisé qu'au lieu de jeter les petits bouts de métal, on peut les vendre et utiliser l'argent de la vente pour nourrir et soigner les pauvres.

Aujourd'hui encore, Amma attache beaucoup d'importance aux détails. Pendant le Tour du Nord de l'Inde en 2007, après l'étape de Bangalore, nous avons effectué un long trajet en bus afin d'arriver à Hyderabad à temps pour le programme du lendemain matin. C'est donc tard dans la soirée et sans prendre le temps de se reposer ni de manger, qu'Amma est sortie de sa chambre pour voir où en étaient les préparatifs du prochain darshan. Il était presque minuit. La plupart des gens étaient au lit et elle a pu se déplacer librement. La scène avait été construite dans la cour de l'école creusée à flanc de colline. Amma a tout de suite remarqué ce qui avait échappé à la vigilance des organisateurs : la cour n'était pas assez grande pour accueillir tous les visiteurs. Amma s'est mise à marcher le long du terrain surplombant la cour encaissée. Là-haut, elle a installé, une à une, des chaises, en s'y asseyant elle-même pour vérifier que, de cet endroit précis, on voyait bien la scène en contrebas. Si ce n'était pas le cas, elle a indiqué comment la vue pouvait être dégagée. Elle s'est assurée que chaque dévot pourrait voir la scène correctement. En l'observant, je me suis demandé si les personnalités qui ont un public aussi vaste se soucient, comme elle le fait, de chaque spectateur.

Ce ne sont là que quelques exemples de la façon extraordinaire dont Amma gère à la fois les moindres détails et l'ensemble de ses énormes institutions, mais elle nous en fournit une multitude d'autres chaque jour. Maître du mental, elle sait utiliser au mieux chaque situation.

Amma souhaite nous apprendre à maîtriser notre propre mental. Non pas parce qu'elle aurait quelque chose à y gagner, mais parce qu'elle sait que seule cette maîtrise peut nous procurer un bonheur et une paix durables. Elle passe volontiers ses jours et ses nuits à nous aider à réaliser cela. Elle a dédié sa vie au service des autres. Elle compte les ordinateurs à acheter, serre dans ses bras des milliers de personnes chaque jour, vérifie les ingrédients d'un dessert, chante quotidiennement des bhajans pour permettre aux dévots d'approfondir leur amour de Dieu, ramasse des bouts de métal pour les recycler et donne des conférences spirituelles pour rappeler aux gens leur vraie nature divine. Son mental est totalement dépourvu de tout désir personnel. Elle l'a parfaitement maîtrisé, une fois pour toutes.

On m'a rapporté qu'un certain gourou célèbre passe seulement 45 minutes par jour avec les gens qui participent à ses retraites spirituelles alors que celles-ci durent 48 heures. Quand on lui a demandé : « Pourquoi ne passez-vous pas plus de temps à nous parler ? Nous dépensons beaucoup de temps et d'argent pour profiter de votre présence... »

Ce célèbre monsieur a répondu : « Le mental humain n'est capable d'absorber qu'une certaine quantité de sagesse à la fois. Si je passais plus de temps avec vous, ce serait du temps perdu. »

Par contre, lors de ses retraites de deux jours et demi, Amma passe plus de 40 heures avec ses enfants. Elle ne pense jamais qu'elle perd son temps avec eux. « Il est presque impossible de faire pousser des pommiers au Kérala, explique-t-elle, et même si nous réussissions, les fruits seraient de très mauvaise qualité. Par contre, les pommiers du Cachemire donnent des fruits superbes et savoureux. Car tout projet a besoin de conditions favorables pour aboutir. De la même façon, c'est la présence d'un maître spirituel authentique qui peut créer l'atmosphère la plus favorable à la maîtrise du mental. »

# Chapitre 9

# La Recette d'Amma

*« La beauté et le charme du service désintéressé ne doivent jamais disparaître de la surface de la Terre. Le monde doit savoir qu'il est possible de se dévouer et de mener une vie d'amour et de service. »*

– Amma

L e réseau des activités caritatives de l'ashram s'élargit sans cesse, et Amma continue à nous étonner avec chaque nouveau projet. Quand la construction de 25 000 maisons a été terminée en 2002, nous pensions qu'Amma se contenterait de ce succès. Mais elle a immédiatement annoncé le nouvel objectif à atteindre : 100 000 maisons supplémentaires dans toute l'Inde. En 2004, quand le tsunami a frappé, elle nous a surpris en organisant des opérations de secours et de réinsertion des victimes pour un montant de 46 millions de dollars. Et quand le cyclone Katrina a touché les États-Unis, elle a époustouflé les dévots américains en offrant un million de dollars à la fondation Bush-Clinton qui s'occupait des rescapés.

Une des plus remarquables qualités d'Amma, c'est l'inébranlable confiance avec laquelle elle mène à bien des opérations d'une telle ampleur. La spontanéité dont elle fait preuve témoigne de sa certitude. Lors de son programme à Mumbai en mars 2007, elle a été invitée à une réunion au sommet avec le Premier ministre du Maharashtra pour parler de la vague de suicides qui sévit parmi les fermiers gravement endettés. Après la réunion, Amma a impressionné tout le monde en décidant soudain qu'elle lançait un nouveau projet pour tenter de remédier à la situation. Les deux premières mesures de réinsertion consistaient à financer les études de 100 000 enfants des fermiers endettés, et à offrir à 5 000 coopératives familiales de femmes d'agriculteurs une formation et un capital de départ. Ces deux initiatives visaient à alléger les dettes qui accablent ces familles et à les aider à devenir financièrement autonomes.

Ce nouveau projet allait coûter encore quelques millions de dollars et l'entourage d'Amma en restait abasourdi : « Qu'est-ce qu'elle a dit ? D'où va t-elle sortir cet argent ? » Généralement, quand on s'apprête à dépenser une somme importante pour entreprendre quelque chose, on passe par une période pénible d'incertitude. Mais on ne lisait pas la moindre trace d'hésitation, ni de regret sur le visage d'Amma.

Récemment à Amritapuri, Amma a reçu Olara Otunnu, ancien président du conseil de sécurité de l'O.N.U. et sous-secrétaire général des Nations Unies. Quand on lui a demandé ce qu'il pensait du travail humanitaire d'Amma, il a déclaré : « Je pense que l'O.N.U. et d'autres organisations non-gouvernementales ont quelque chose à apprendre d'Amma et de ce qu'elle a été capable de construire. »

« Lorsque le gouvernement finance des opérations de secours, explique Amma, une grande partie des fonds sert à payer les salaires. » Elle n'accuse pas le gouvernement qui doit payer les fonctionnaires et veiller à la bonne marche de la machine administrative. Mais c'est un peu comme si on versait de l'huile d'un verre au suivant sur une longue distance : « À la fin, il n'y a plus d'huile, dit Amma. Tout est resté au fond des verres. De cette manière, les 1000 roupies du départ sont réduites à 100 roupies quand elles arrivent enfin aux victimes. Tandis qu'à l'ashram, la valeur de notre travail s'ajoute aux roupies données et en fait, l'argent se multiplie. »

Lors de sa visite à Amritapuri, M. Otunnu nous a confié : « L'un des problèmes que nous rencontrons dans les interventions humanitaires internationales, c'est qu'une part importante des ressources destinées aux bénéficiaires est attribuée au personnel des équipes de secours. Les frais de fonctionnement sont trop importants comparés à ce qui finit effectivement dans la poche des bénéficiaires. En étudiant le fonctionnement de l'organisation d'Amma, j'ai été frappé par ce qui est généré, par la somme d'argent mobilisée qui est réellement et directement versée aux victimes. C'est remarquable. Je suis très impressionné par la méthode qu'elle a su mettre au point. »

Pour réussir une recette, on a besoin des ingrédients corrects. Avec la recette de renoncement d'Amma qui mélange inlassable dévouement et amour désintéressé, tout devient possible. La première visite d'Amma en Amérique du Sud, en juillet 2007, a clairement illustré cette vérité. Son premier programme a été organisé à Santiago du Chili, métropole nichée dans les Andes. Ceux qui se demandaient quel accueil les habitants de Santiago réserveraient à Amma, ont eu la réponse dès le premier darshan. Le soleil venait à peine de se lever sur les montagnes qu'une foule énorme descendait vers le lieu du programme. Le hall immense fut rempli bien avant l'arrivée d'Amma et dès qu'elle entra, un tonnerre d'applaudissement l'accueillit. En fait, durant les trois jours, chaque fois qu'elle arrivait, qu'elle partait ou finissait un bhajan, les applaudissements éclataient. De toute évidence, les Chiliens découvraient en Amma ce que d'autres peuples à travers le monde voyaient en elle depuis plus de vingt ans : l'amour divin dans un corps humain.

Pendant les programmes du matin, les principales agences de presse du pays faisaient cercle autour d'Amma. Sa visite au Chili fut traitée par la presse comme un événement majeur. Durant les trois jours, les foules étaient si importantes que les programmes se succédaient pratiquement sans interruption.

Avant de quitter le Chili, Amma rencontra plusieurs dévots locaux qui avaient aidé à organiser le programme. Tout le monde sentait que les choses s'étaient déroulées avec une incroyable facilité, alors que les volontaires n'avaient jamais organisé un tel événement auparavant, et que la majorité des bénévoles n'avaient même jamais rencontré Amma jusque là. En fait, la plupart d'entre eux avaient pris une semaine de congé ou plus pour se consacrer à plein temps aux préparatifs. Plongeant affectueusement son regard dans les yeux de ses enfants chiliens, Amma demanda : « Comment avez-vous fait ?

— C'est l'amour que nous avons pour toi qui nous a donné la motivation et l'énergie. » répondit immédiatement l'un d'eux. Amma hocha la tête en signe d'approbation : « Là où il y a l'amour, tout est possible. »

Amma ne s'est pas contentée d'appliquer sa formule à sa propre vie. Elle a été également capable d'inculquer les mêmes valeurs à ses disciples et dévots dans le monde entier grâce à des conseils attentifs et à son exemple irréprochable.

Aux tout débuts de l'ashram, nous donnions à manger gratuitement à tous ceux qui venaient. Les résidents mangeaient après les visiteurs, et Amma, en tout dernier. Bien souvent, quand tous les invités avaient été servis, il ne restait plus rien, et les résidents devaient jeûner. En ce temps-là, certains parmi nous sortaient faire les courses pour l'ashram. Mais souvent, nous n'avions pas assez d'argent pour acheter ce qu'il fallait. Un jour, un brahmachari s'est alarmé de ce que la nourriture allait manquer pour toute la semaine suivante. Lorsque nous avons demandé à Amma quoi faire, elle a répondu :

« Ne vous inquiétez pas. Chaque fois que nous avons besoin de quelque chose, Dieu nous le procure. L'argent va et vient. Cela ne vous regarde pas. Allez méditer. »

Le brahmachari a voulu obéir à Amma, mais bien sûr il a eu du mal à méditer, parce qu'il continuait à s'inquiéter, non seulement pour les dévots, mais aussi pour son prochain repas. Cependant, dès le lendemain, un visiteur a fait don à l'ashram de 1000 roupies. À l'époque, nous considérions une telle somme comme un million de dollars. Avec cet argent, nous sommes allés acheter des provisions pour la semaine suivante.

Aujourd'hui l'ashram se trouve dans une meilleure situation financière, et quand nous pensons au passé, nous nous rendons compte que toutes les difficultés ont été formatrices pour chacun de nous et pour l'ashram. Amma nous enseignait comment dépenser avec sagesse et éviter le gaspillage. Ce sont ces principes-là qui ont permis à Amma et à son ashram d'accomplir tant avec très peu de moyens.

Et comme toujours, Amma est l'exemple vivant de son enseignement. Aujourd'hui encore, après avoir lancé et mené à bien des opérations de secours à grande échelle, Amma est très attentive à ce qu'on ne dépense rien, pas même une somme modique, si ce n'est pas nécessaire. Par exemple, on aurait tendance à vouloir utiliser le meilleur papier à lettre possible pour écrire à Amma, mais en sachant qu'il y a plus de 3000 résidents à l'ashram, et que tous peuvent écrire à leur guru pour soulager leur coeur, Amma insiste pour qu'on lui écrive nos lettres ou même les rapports financiers du service de comptabilité au verso d'un papier déjà utilisé. Même s'il n'est pas toujours commode de déchiffrer des rapports imprimés sur du papier ainsi recyclé, Amma explique qu'avec l'argent économisé de cette façon, nous pouvons acheter des médicaments, de la nourriture ou financer la construction des maisons pour les sans-logis …et qu'en plus, nous évitons de participer à la déforestation.

Amma affirme souvent que c'est la grâce qui fait fructifier nos efforts. Il ne suffit pas de travailler dur et d'économiser de l'argent. En tout état de cause, l'argent doit bien venir de quelque part, et cela, Amma n'en a jamais douté. Aujourd'hui encore, si elle parle de commencer un nouveau projet, la question resurgit inéluctablement : « Amma, d'où va venir l'argent ? » Alors Amma répond comme au temps où nous nous inquiétions de ne pas avoir d'argent pour faire les courses : « L'argent va et vient. Dieu procure tout ce qui nécessaire. »

# Chapitre 10

# Échapper au Filet de Maya

*« Avant que de désirer fortement une chose, il faut examiner quel est le bonheur de celui qui la possède. »*

— François de la Rochefoucauld

*« Ce qui rend l'humilité si désirable, c'est qu'elle nous fait ce cadeau merveilleux : la possibilité d'une grande intimité avec Dieu. »*

— Monica Baldwin

Au Pays Tamoul, quatre saints sont reconnus comme les maîtres du Shivaïsme[1]. L'un d'eux naquit dans le village de Tirunavaloor. Il se nommait Nambiaroorar, mais il était d'une beauté si extraordinaire qu'on l'appelait aussi Sundarar « le magnifique. » Un jour que Nambiaroorar jouait au bord du chemin, le roi passa dans son char. Dès que le monarque aperçut le garçon, il fut si attiré par sa remarquable beauté qu'il descendit de son char pour jouer avec lui. Découvrant qu'il s'agissait du fils d'un de ses amis, le roi se rendit chez ce dernier pour lui demander l'enfant. Le père de Nambiaroorar ne put qu'obéir à son souverain.

Le monarque éleva Sundarar comme son propre fils, veillant à ce qu'il ne manque de rien. Il lui fit étudier les Écritures et les

---

[1] Le Shivaïsme est l'ensemble des traditions hindoues qui vouent un culte au Seigneur Shiva.

valeurs humaines éternelles. Lorsque Sundarar atteignit l'âge adulte, on arrangea son mariage avec une jeune fille qui était un beau parti. Le jour de la cérémonie, un vieux brahmane s'approcha de Sundarar et lui dit : « Nous avons un compte à régler tous les deux. C'est seulement lorsque l'affaire aura été entendue par un juge que tu pourras te marier.

— Que voulez-vous dire ? De quelle affaire parlez-vous ? » lui demanda Sundarar complètement abasourdi.

— Écoutez-moi vous tous, ce jeune homme est en fait mon esclave ! » s'écria le vieillard en prenant à témoin la foule des invités.

Ceux-ci en restèrent ébahis. Quant à Sundarar, il ne se laissa pas impressionner. Sur un ton dédaigneux, il répliqua : « Je suis le fils adoptif du roi. Comment pourrais-je être ton esclave ?

— Il y a bien longtemps, quand ton grand-père était mon esclave, il a signé un contrat stipulant que tous ses descendants seraient aussi mes esclaves. Tu ne devrais donc pas me traiter irrespectueusement », expliqua le vieil homme sans se laisser rebuter.

— Tu n'es qu'un vieux fou ! » protesta Sundarar en éclatant de rire.

— Tu te moques de moi, mais j'ai la preuve de ce que j'avance », continua le brahmane. Sortant une palme couverte d'écritures, il déclara : « Voici le contrat signé par ton grand-père. »

Sans mot dire, Sundarar lui arracha la feuille des mains et la déchira en petits morceaux.

Le brahmane s'écria : « Comment peux-tu faire fi d'un contrat signé ? » Et s'adressant à la foule, il déclara : « Ce contrat doit être honoré ! »

Pour essayer de le calmer, les invités du mariage remarquèrent : « Votre réclamation est étrange. De mémoire d'homme, on n'a jamais vu un brahmane devenir l'esclave d'un autre brahmane. »

« Pourtant, continua le vieillard, Sundarar est mon esclave et je suis son maître. Je viens de Thiruvennai Nalloor et il doit m'accompagner là-bas et travailler à mon service. »

Le brahmane insista tellement que le roi décida d'envoyer quelques-uns de ses conseillers à Thiruvennai Nalloor pour s'y entretenir avec le conseil des anciens et déterminer si cette réclamation était fondée ou non.

Alors, Sundarar, quelques hommes du roi et le vieux brahmane marchèrent en procession jusqu'au village de Thiruvennai Nalloor. Une fois sur place, sans avoir à demander son chemin, le brahmane les emmena directement au conseil des anciens. Ne l'ayant jamais vu, ceux-ci le considérèrent comme un étranger. Toutefois, comme il prétendait être de leur village, ils acceptèrent d'étudier son affaire. Le vieux brahmane expliqua ce qu'il voulait et raconta ce qui s'était passé jusque-là.

Un membre du conseil lui fit remarquer : « Si Sundarar a détruit votre contrat, vous n'avez plus de preuve de ce que vous avancez. »

Le vieillard répondit : « Ce n'était qu'une copie. J'ai gardé sur moi l'original signé par son grand-père. » Et sur ces mots, il sortit de son vêtement une autre feuille de palme qu'il brandit en l'air.

Après avoir soigneusement examiné et comparé cette feuille aux documents du village, le conseil des anciens certifia la validité du contrat et annonça à Sundarar : « Aussi étrange que cela puisse paraître, vous êtes bel et bien son esclave. Vous n'avez pas le choix. Il faut lui obéir comme il l'exige. »

Puis se tournant vers le vieil homme, les anciens lui dirent « Vous prétendez habiter ce village et ce contrat en fait foi. Cependant personne ne vous a jamais vu ici. Où donc se trouve votre maison ? Montrez-nous s'il vous plaît l'endroit où vous vivez. »

Le vieil homme acquiesça : « Venez avec moi, je vais vous montrer ma demeure. »

Tout le monde le suivit avec une grande curiosité. Le brahmane les emmena au centre du village où se dressait le temple de Shiva. Sans hésiter, il grimpa les marches du temple et pénétra dans le Saint des saints... où il disparut soudainement, comme dissous dans la lumière.

Émerveillé, Sundarar tomba à genoux. Submergé de dévotion, il se mit à pleurer à chaudes larmes. Brusquement, il vit apparaître en face de lui le Seigneur Shiva en compagnie de la déesse Parvati. Shiva lui expliqua : « Je suis venu t'arracher des griffes de *Maya* (illusion)[2]. » Avant de disparaître à nouveau, Shiva déclara : « le chant imprégné d'amour est le meilleur des *archanas* (rituel d'adoration) ». Par la suite, Sundarar composa de nombreux chants magnifiques à la gloire du Seigneur Shiva. Ses bhajans sont chantés encore aujourd'hui. Et jusqu'à sa mort, Sundarar se considéra comme le serviteur de Dieu.

Remarquons ici que Sundarar n'a passé qu'un court instant en présence de Shiva tandis que nous pouvons rester en compagnie d'Amma tout le temps de son incarnation. C'est à nous d'apprécier au mieux cette chance inestimable.

Deux disciples de Sri Ramakrishna Parahamsa ont utilisé chacun une méthode différente pour sortir du filet de Maya (l'illusion de la réalité objective). Nagamahasaya un chef de famille, est devenu si humble qu'il a pu passer entre les mailles du filet, tandis que Swami Vivekananda est devenu si célèbre que le filet ne pouvait plus le contenir.

De la même façon, Amma nous pousse à devenir tout ou rien. Autrement dit, ou bien nous élargissons notre mental jusqu'à perdre toute notion du petit moi limité et individuel pour nous identifier au grand Tout, ou bien nous devenons si humbles que

---

[2] Selon le Védanta Advaita, c'est Maya qui pousse le jivatma à s'identifier faussement au corps, au mental et à l'intellect et à oublier ainsi sa véritable nature de Paramatma.

notre ego disparaît et nous nous fondons dans l'absolu. Mais pour le moment, nous ne suivons généralement aucune de ces deux méthodes. Nous ne voulons pas devenir le Tout et nous ne voulons pas devenir rien. Nous préférons devenir quelque chose ou quelqu'un.

Amma affirme que nous sommes « l'essence du Om » ; les Écritures nous disent que nous sommes Brahman ; d'autres chercheurs spirituels assurent que nous faisons un avec Dieu. Tous ces messages répètent la même chose : notre véritable nature est illimitée, éternelle et remplie de béatitude. Mais en faisons-nous l'expérience ? Nous ne sentons pas que nous sommes Cela. Nous avons plutôt l'impression d'être limités, envahis de peurs mesquines, de colère, de doutes ou de chagrin.

Dans la mesure où il nous est difficile de nous identifier à la Conscience Suprême, il semblerait logique que nous agissions avec humilité. Mais nous rejetons également l'humilité : « Je ne suis pas n'importe qui moi, je suis quelqu'un de spécial. Qui peut prétendre se comparer à moi ? » Voilà le genre de pensées qui nous traversent l'esprit.

En fait, au lieu de chercher à transcender notre ego et réaliser notre unité avec le Suprême, nous faisons tout pour renforcer notre individualité limitée.

Les Écritures affirment que l'ignorance, c'est l'identification au « moi », à la notion d'individu séparé. De cette erreur naissent toutes les autres. Cette méprise suscite chaque besoin, chaque désir, chaque sentiment de menace ou de peur. Si nous avons la sensation d'être un petit moi séparé, ce moi a besoin d'être protégé, aimé, complimenté et soutenu.

En observant la manière dont nous utilisons notre énergie à travers nos paroles et nos actions, nous découvrons que la plupart de nos phrases et de nos gestes cherchent à gagner l'approbation d'autrui. Comme si nous bâtissions une niche pour nous protéger.

Les vêtements que nous portons, notre coupe de cheveux, notre façon de signer … visent essentiellement à attirer l'attention des autres. Si vous n'êtes pas d'accord avec ce qui vient d'être dit, essayez de faire une bonne action anonymement, et vous constaterez comme il est difficile de n'en parler à personne.

Finalement seul un maître authentique a le pouvoir de nous débarrasser du désir profondément enraciné d'être reconnu.

Par une nuit sans lune, deux amis rentrent chez eux après une fête. Ils décident d'emprunter un raccourci qui passe par un cimetière. Ils sont au milieu du cimetière quand, provenant des brumes obscures, des tapotements sourds les font sursauter. Tremblant de peur, ils cherchent à savoir d'où vient ce bruit et découvrent un vieillard qui, marteau et burin en main, est en train de graver une pierre tombale portant l'inscription : « Ici gît Jacques Dupont. » Reprenant son souffle, un des deux amis s'exclame : « Monsieur, nous avons failli mourir de peur ! Nous pensions que vous étiez un fantôme ! Pourquoi travaillez-vous si tard ?

— Ces idiots ont oublié d'écrire « Docteur » sur ma tombe ! » grommèle le vieil homme sans lever les yeux de son travail.

Le désir d'approbation se manifeste parfois comme l'envie d'être reconnu publiquement. Dans le monde contemporain, beaucoup de gens, et les jeunes en particulier, désirent ardemment devenir célèbres. La télévision organise des concours artistiques et catapulte le vainqueur au sommet de la gloire. Nombreux sont ceux qui pensent que cela vaut la peine de devenir célèbres et certains considèrent cela comme leur priorité. Mais pour estimer la valeur d'une situation, il serait logique d'observer ceux qui en font déjà l'expérience et d'examiner quels avantages ils en tirent réellement. En ce qui concerne la célébrité, étudions la vie des vedettes. Leur gloire les a-t-elle rendus heureux, paisibles et épanouis ?

Il existe d'innombrables cas de personnes illustres dont la vie a été déchirée alors qu'elles atteignaient le sommet de la gloire. Toutes ces malheureuses stars avaient cru que la popularité ne leur apporterait que bonheur et satisfaction. Mais il est évident que la renommée extérieure n'apporte aucun changement significatif dans les dispositions intérieures. Un inconnu soucieux, déprimé ou colérique ne change pas de caractère en devenant célèbre.

Arjuna avait beau être l'un des plus puissants guerriers de son époque, cela ne l'a pas empêché de se sentir découragé et sans énergie quand il a dû se battre contre ses parents ses amis, et même contre son maître d'armes qui s'était rangé aux côtés des Kauravas. Face à une crise d'une telle gravité, sa gloire et sa fortune ne lui furent d'aucun secours. Seuls les conseils de Krishna ont pu le sortir du bourbier de l'indécision et du désespoir.

Lors d'une interview qu'Amma a accordée à un grand magazine, on lui a posé la question suivante : « Partout dans le monde, des gens célèbres viennent vous voir pour recevoir votre bénédiction et vos conseils. On croit généralement que ces personnages en vue mènent une vie de rêve, qu'ils gagnent beaucoup d'argent et se réjouissent de leur popularité. Nous souhaiterions savoir ce que vous pensez du bonheur des gens célèbres ? »

Elle a répondu : « Ils viennent voir Amma après avoir beaucoup réfléchi. Leur expérience leur a montré les limites de la vie dans le monde et ils ont compris que le sens de la vie se trouve au-delà de l'intellect. Ils veulent qu'Amma leur apprenne comment obtenir la paix intérieure. »

Un disciple américain a rencontré un ancien ami à un programme d'Amma aux États-Unis. Ils avaient été de très bons copains durant leurs études. Après l'université, l'un d'eux avait émigré au sud-ouest de l'Inde dans un petit village de pêcheurs pour devenir moine chez Amma, tandis que l'autre était entré dans un groupe de rock qui allait devenir très célèbre. Cela avait amené les deux à faire le tour du monde, mais dans des sphères très différentes.

Quand ils se sont reconnus, ils se sont mis à bavarder. Le brahmachari a raconté un peu sa vie auprès d'Amma et le rockeur a parlé de ce qu'il avait vu et fait pendant toutes ces années. Il avait joué devant des dizaines de milliers de fans en délire, et maintenant il avait assez d'argent sur son compte en banque pour vivre somptueusement jusqu'à la fin de ses jours. Cependant, au fur et à mesure qu'il relatait ses aventures, son enthousiasme faiblissait et de toute évidence, la gloire et la fortune n'avaient pas réussi à le rendre heureux.

Le chanteur a confié qu'il cherchait maintenant à donner plus de sens et de profondeur à sa vie. Le brahmachari l'a conduit au darshan et le rockeur est ressorti visiblement très ému de cette expérience. Quelques mois plus tard, il arrivait en Inde à l'ashram, tout fier d'avoir renoncé à la drogue et aux stupéfiants, et il apportait son dernier album à Amma pour qu'elle le bénisse.

D'une certaine façon, les gens célèbres sont bien placés pour se tourner vers la spiritualité. La plupart d'entre nous pensons que nous serons heureux quand nous aurons atteint tel ou tel but matériel. Mais ces vedettes qui ont réussi à amasser une fortune découvrent qu'il leur manque encore quelque chose. En vérité, le bonheur ne s'obtient pas en acquérant quelque chose d'extérieur. Il s'agit plutôt de se libérer de ce que nous possédons mais dont nous n'avons pas besoin. Ce dont il faut nous débarrasser, c'est de l'ego, ou du sentiment du « moi » et du « mien. »

Un jour un homme a adressé une prière à Dieu : « Oh Seigneur, je veux être heureux ! » Et la réponse lui est venue de l'intérieur : « Mon fils, quand tu auras enlevé le « je » et le « veux », tu seras automatiquement heureux. »

Un autre raccourci pour trouver le bonheur, c'est d'agir avec amour. Nous avons tous une multitude de responsabilités et nous sommes obligés de mener à bien un certain nombre de tâches. Mais rien ne nous oblige à détester ce que nous avons à faire. Souvenons-nous que cette action qui nous déplaît, d'autres se réjouiraient de l'accomplir. Ainsi, nous pouvons apprendre à aimer n'importe quel karma, n'importe quelle action. Si nous apprécions ce que nous faisons, cela nous apportera de façon intrinsèque *ananda* ou la béatitude. Inutile d'en attendre un résultat (*karma phalam*) pour être satisfaits et contents.

Nous réjouir en faisant l'action elle-même sans en attendre le résultat a le grand avantage de nous procurer un bonheur instantané qui ne peut être contrecarré par le *prarabdha karma* (les conséquences de nos actions passées expérimentées dans cette vie-ci.) Le prarabdha karma affecte le résultat de nos actions. Il peut nous empêcher d'atteindre l'objectif que nous visons, mais pas d'aimer ce que nous faisons.

Un journaliste a interviewé Amma : « N'êtes-vous pas triste de ne plus avoir de vie privée, de ne plus pouvoir, par exemple, aller méditer sur la plage pendant la nuit ?

— J'ai toujours voulu aimer les autres, les servir et essuyer leurs larmes. Il est inutile de penser à ce que je ne peux pas faire et de m'en attrister puisque je fais ce que j'aime faire. C'était vrai à l'époque, et c'est toujours vrai maintenant, a répondu Amma.

— Au début, rien de tout cela n'existait. Tout a commencé avec une petite hutte et une poignée d'individus autour de vous. À présent, il y a ici beaucoup de bâtiments, de projets, d'institutions. On vous invite partout dans le monde dans des forums internationaux et, où que vous alliez, vous attirez des foules immenses. Que pensez-vous de ces changements radicaux ?

— Les circonstances extérieures ont pu changer, mais je suis restée la même. Je suis aujourd'hui ce que j'étais alors. » Cette réponse d'Amma révèle le secret de son immuable sérénité.

Amma ne cherche pas à devenir *quelque chose*. L'essence de sa grandeur réside dans le fait qu'elle sait qu'elle est le Tout et se comporte comme si elle n'était rien. Elle explique comment, selon sa perspective qui transcende les apparences, les choses lui semblent être : « L'univers entier existe comme une bulle minuscule dans l'immensité de ma Conscience. » Telle est l'ampleur de sa vision et de son expérience.

Si nous voulons vraiment devenir humbles comme Amma, essayons de percevoir l'univers tel qu'il est réellement. Cela suffira à nous faire prendre conscience de notre relative insignifiance. Penchons-nous un instant sur les données de base de l'astronomie. Commençons par essayer de visualiser ce que représente une année lumière : la distance parcourue pour faire 240 millions de fois le tour de la Terre. Maintenant, considérons le diamètre de notre galaxie : la Voie Lactée est environ de 100 000 années lumière. Et si cela ne suffit pas à nous donner le sentiment de notre petitesse, souvenons-nous qu'il existe 125 milliards de galaxies comme la nôtre dans l'univers. Nous dépensons toute notre énergie à essayer de convaincre les autres de notre importance ou à nous battre pour déterminer à quinze centimètres près où se trouve la limite de notre propriété.

Un brahmachari m'a raconté comment Amma lui avait donné une leçon d'humilité. Peu de temps après son initiation, les dévots qui le rencontraient dans l'ashram avec ses habits jaunes tout neufs, se prosternaient et lui touchaient les pieds en signe de respect. Ce traitement spécial a duré plusieurs jours, jusqu'à ce que le brahmachari quitte Amritapuri afin de travailler sur un projet d'Amma à l'extérieur. Il est parti avec son sac rempli de ses nouveaux vêtements, et le mental bourré d'attentes inconscientes au sujet du traitement royal qu'il allait recevoir pendant son voyage.

À sa grande surprise, personne n'a fait particulièrement attention à lui. Il n'a reçu aucune marque apparente de considération. À certains endroits, on s'est même moqué de lui. Il est retourné à l'ashram quelques jours plus tard, troublé et agité par son expérience. Un soir, il a eu la chance d'aller dans la chambre d'Amma. Elle attendait un des chefs du village qui l'avait suppliée de lui accorder un entretien privé. Cet homme n'était qu'une personnalité locale, et pourtant, quand il est entré, Amma s'est levée humblement et lui a offert un siège. Le chef du village a été si touché par l'humilité d'Amma qu'il a préféré se prosterner et s'asseoir respectueusement à ses pieds.

Le jeune brahmachari a été lui-aussi frappé par l'humilité d'Amma. Il s'est brusquement rendu compte qu'il avait été stupide d'attendre un traitement de faveur. Qui donc était-il pour espérer des autres quoi que ce soit en retour, alors que même son maître spirituel, reconnue comme étant la Mère Divine par des millions de dévots du monde entier, n'attendait rien de personne ? Le geste tout simple d'Amma l'avait libéré de ses attentes.

Tant que nous sommes identifiés au corps, au mental et à l'intellect, nous accordons une grande importance à l'opinion des autres. Mais Amma dit qu'en vérité, nous ne sommes pas comme des bougies qui dépendent d'une autre flamme pour s'allumer et se mettre à éclairer, mais bien plutôt comme le soleil qui brille radieusement par lui-même. Tant que nous dépendons des autres, nous sommes à leur merci. Pour résoudre ce problème, Amma nous recommande de chercher la présence de Dieu à l'intérieur de nous et de nous habituer à ne dépendre que de cela, car en vérité il s'agit de notre véritable Soi.

Ainsi, au lieu d'essayer d'attirer l'attention des autres, faisons attention à eux. Au lieu de n'être conscient que de notre petit soi, devenons conscients du Soi qui réside dans tous les êtres.

# Chapitre 11

# Une Nouvelle Théorie
# de l'Évolution

*« Nous n'avons pas commencé à vivre tant que nous ne nous sommes pas élevés au-dessus des limites étroites de nos préoccupations personnelles pour nous intéresser au bien-être de toute l'humanité. »*

– Martin Luther King

S elon la fameuse théorie de l'évolution de Darwin, l'aspect physique et le comportement actuels de tous les êtres vivants résultent de millions d'années de sélection et d'adaptation. Mais l'évolution physique ne peut pas constituer le but final ; la perfection physique n'existe pas au niveau de la forme extérieure. La véritable perfection ne peut s'atteindre qu'intérieurement.

En outre, il semble que le processus d'évolution extérieure a commencé à s'inverser. Amma dit qu'il y a trois types de personnes : *prakriti* (naturelle), *vikriti* (pervertie), et *samskriti* (raffinée). Si on offre de la nourriture à une personne prakriti, elle se contente de manger ce qu'on lui donne. Alors qu'une personne vikriti avale sa part puis cherche le plus possible à s'emparer de celle des autres. Quant à la personne samskriti, elle partage d'abord sa nourriture avec autrui avant de prendre quoi que ce soit pour elle-même. Selon Amma, les êtres humains sont censés passer de prakriti à samskriti, mais malencontreusement, aujourd'hui ils passent de prakriti à vikriti. On affirme que le singe s'est transformé progressivement en homme. Mais les êtres humains deviennent de plus en plus égoïstes, au point de dégénérer plutôt qu'évoluer.

Un vieux fermier meurt. Des funérailles solennelles sont organisées à la campagne où les amis du défunt et les membres de sa famille se retrouvent. Le curé passe longuement en revue toutes les qualités du mort, décrit son honnêteté, ses mérites d'époux modèle, et de père affectueux. Finalement la veuve se penche vers un de ses enfants et lui chuchote à l'oreille : « Va voir dans le cercueil si c'est bien ton père qui est là. »

Dans le monde actuel, nous avons du mal à croire en la bonté de ceux qui nous sont très proches. Cependant, Amma répète qu'elle croit en la bonté innée de ses enfants. Elle est plus convaincue que nous de notre capacité à évoluer en tant qu'êtres humains.

Nous justifions souvent notre comportement et nos impulsions en disant : « C'est naturel » ou bien « Nous sommes humains ». Mais Amma nous apprend à nous élever de notre nature inférieure jusqu'au niveau de notre idéal, pas l'inverse. Elle dit que sa vie prouve qu'il est possible de réaliser la Vérité Suprême en dépit d'innombrables responsabilités extérieures, et dans les conditions les plus défavorables.

Ce qu'il nous faudrait, c'est une théorie expliquant l'évolution spirituelle. Plutôt que nous intéresser seulement à l'évolution des instruments extérieurs (corps matériel), nous pourrions essayer de comprendre les principes qui gouvernent notre évolution intérieure et la méthode qu'il faut utiliser pour purifier les instruments intérieurs comme le mental, l'intellect et l'ego. Un processus de purification se déclenche quand nous nous engageons régulièrement dans des pratiques spirituelles et que nous nous familiarisons avec les vérités spirituelles. Cette purification nous amène graduellement à comprendre notre véritable nature divine et à nous identifier à elle.

Parfois les visiteurs demandent : « Pourquoi vénérer Amma ? Après tout, elle est humaine, comme nous. » La réponse est : « Oui, Amma est humaine. Mais c'est un être humain au vrai sens du terme. Toutes les nobles qualités qui différencient les humains des animaux sont pleinement présentes chez Amma.

Les affiches de cinéma annoncent de plus en plus souvent des films mettant en scène de super héros. De toute évidence, le public veut inconsciemment quelque chose de plus que le terre-à-terre quotidien, quelque chose qui dépasse les frontières de l'humain. Nous voulons croire qu'il existe un potentiel surhumain en nous, et que nous pouvons dépasser nos limites actuelles. Le temps d'un film, nous nous exaltons à regarder les super-héros voler dans les airs, tordre du métal, et triompher des super-méchants, mais quand arrive le générique, nous retrouvons la réalité de nos propres limites.

C'est le même désir inconscient qui nous fait tellement aimer Amma. Elle est une « superwoman » pour de vrai. Elle fait plier les cœurs d'acier trempé, elle vole autour du monde, son sari flottant dans le vent tel une cape blanche et elle nous aide à vaincre nos tendances négatives, les « super-méchants » en nous.

La vie d'Amma nous montre qu'il est possible de dépasser les limites humaines auxquelles nous nous identifions afin de devenir des surhommes de la spiritualité. Les super-héros du cinéma sont parfois motivés par un intérêt personnel. Autrement dit, ils sont surhumains physiquement parlant, mais sur le plan mental, ils ne sont pas différents de vous et moi.

Vous ne trouverez aucun désir personnel derrière les actions d'Amma. Sa compassion est authentiquement inconditionnelle. Elle n'attend même pas qu'on lui manifeste une quelconque reconnaissance pour ce qu'elle accomplit. Lorsqu'elle a accepté le

Prix interreligieux *James Parks Morton* à New York en 2006, elle a humblement déclaré : « En fait, ce n'est que grâce à l'attitude désintéressée et aux sacrifices de millions de dévots du monde entier qu'il a pu être rendu service à la société. En réalité, ce Prix leur revient. Je ne suis qu'un instrument. »

Dès qu'elle a pu agir d'elle-même, Amma a spontanément manifesté compassion et amour. N'est-ce pas là une des plus grandes preuves de sa sincérité ? Dans le village de son enfance, il n'y avait ni ami spirituel, ni satsang pour la guider. Avant l'âge de vingt ans, elle ne s'est jamais aventurée à plus de dix kilomètres de chez elle. Malgré cela, elle a toujours agi en parfait accord avec le dharma. Quand un journaliste lui a demandé qui la guidait, elle a expliqué qu'elle avait toujours fait ce qui lui semblait juste : « Pour moi, tout vient de l'intérieur. Je suis en harmonie avec le véritable Soi. » Amma n'a jamais voulu montrer qu'elle pouvait faire des miracles. C'est son amour inconditionnel qui est le plus grand des miracles.

Il y a bien longtemps, sur une île paradisiaque, vivaient toutes les personnifications des traits du caractère humain. Un jour, le niveau de la mer a commencé à monter et l'île allait être submergée. L'un après l'autre, tous les traits ont quitté l'île. Seul l'Amour est resté sur place. Sans penser à lui-même, il s'est assuré que tous les autres évacuaient bien l'île et allaient se retrouver en sécurité. Une fois tout le monde parti et l'île presque engloutie, l'Amour s'est rendu compte qu'il devait lui-aussi quitter l'île s'il voulait échapper à la mort. Juste à ce moment-là, la Richesse est passée tout près sur un superbe yacht.

« Richesse, puis-je monter avec toi ? lui a demandé l'Amour.

— Désolée, mais mon yacht est plein d'or et d'argent. Il n'y a pas de place pour toi ici », a-t-elle répondu en secouant la tête. Alors, Amour a appelé la Vanité qui suivait justement la

Richesse sur une magnifique caravelle : « S'il te plaît Vanité, aide-moi !

—Je ne peux pas t'aider », a répliqué la Vanité avec une pointe de dégoût dans la voix. « Tu es trempé et tu risques d'abîmer ma jolie caravelle. »

Apercevant ensuite le radeau de la Tristesse qui voguait dans les parages, l'Amour a crié : « Tristesse ! S'il te plaît, prends-moi avec toi.

— Impossible, Amour. J'ai besoin d'être seule en ce moment », a gémi la Tristesse.

Un peu plus loin naviguait le Bonheur. Le cœur de l'Amour s'est mis à battre la chamade, plein d'espoir. Il a supplié : « Bonheur, je t'en prie emmène-moi ! » Mais, tout à sa joie d'avoir quitté l'île à temps, le Bonheur n'a pas entendu les appels au secours de l'Amour.

Finalement, l'Amour s'est résigné à son destin. Alors que la dernière parcelle de l'île s'enfonçait dans la mer, il a entendu une voix douce lui parler gentiment : « Amour, viens, je te prends avec moi. » L'Amour n'a pas reconnu celui qui lui parlait. Il a seulement deviné que cette voix appartenait à un vieillard. Son sauveur l'a accueilli sur son bateau et l'a transporté jusqu'à la terre ferme. Débordant de soulagement et de gratitude, l'Amour a oublié de demander au vieux monsieur comment il s'appelait. Or, après avoir conduit l'Amour en lieu sûr, celui-ci était parti de son côté. L'Amour l'a regardé disparaître à l'horizon. Puis il a vu le Savoir qui s'approchait. « Comment s'appelle celui qui m'a aidé ? » lui a demandé l'Amour.

— Son nom est le Temps, a révélé le Savoir.

— Pourquoi m'a t-il aidé quand tous les autres m'ont laissé tomber ?

— Seul le Temps est capable de comprendre la grandeur de l'Amour », a expliqué le Savoir en souriant.

Quand Amma a été interviewée pour l'émission « 20 sur 20 », le correspondant sur ABC, étonné par tout le travail qu'elle accomplissait dans le monde, a demandé, incrédule : « Est-ce de cela seulement que le monde a besoin ? D'amour et de câlins ? Est-ce si simple que cela ?

— L'amour n'est pas quelque chose de banal, lui a dit Amma. C'est ce qui soutient la vie. L'amour est extraordinaire. Il est à la base de tout. Il est la source. »

# Chapitre 12

# Voir, c'est Croire :
# Comment l'Amour d'Amma
# a Changé des Vies

*« L'être humain est une partie du Tout appelé 'univers', une partie limitée par le temps et l'espace. Par une sorte d'illusion visuelle de la conscience, il perçoit ses pensées et ses sentiments comme séparés du reste. Cette illusion est un genre de prison qui nous enferme dans nos désirs personnels et restreint notre affection à quelques personnes proches de nous. Nous devons nous libérer de cette geôle en élargissant le cercle de notre compassion jusqu'à ce qu'il comprenne toutes les créatures vivantes et la nature dans toute sa beauté. »*

– Albert Einstein

J'ai lu qu'un homme avait décidé de serrer dans ses bras les passants. Il avait installé un panneau au coin d'une rue, et comme personne ne semblait intéressé par son offre, il est allé au-devant des gens pour leur proposer une étreinte gratuite. Mais la plupart se sont détournés pour s'enfuir prestement dans la direction opposée. De nombreuses femmes se sont senties offensées, persuadées qu'il cherchait tout simplement à les séduire. Sur mille passants, un ou deux seulement ont accepté l'étreinte. Ce n'est guère surprenant. Qui serait assez fou pour accepter d'être embrassé par un inconnu ?

Avec Amma, une scène identique se déroule, et pourtant les résultats sont bien différents. Je me rappelle qu'une fois, dans un aéroport, elle donnait le darshan aux dévots locaux qui venaient d'organiser une rencontre avec elle dans une ville voisine. Ils l'avaient accompagnée à l'aéroport d'où elle partait pour la prochaine étape de sa tournée. Un homme d'affaires qui ne faisait pas partie de notre groupe regardait le darshan d'un air visiblement dégoûté. Au début, il ne faisait que jeter de temps à autre un coup d'œil furtif par-dessus son journal. Mais la foule autour d'Amma s'est mise à enfler : des voyageurs, d'autres hommes d'affaires, des membres du personnel de l'aéroport, dont certains officiers de police, faisaient la queue pour recevoir son étreinte. Notre spectateur en a oublié son journal et il a fini par rejoindre lui aussi la file du darshan.

Plus tard, alors qu'Amma et la plupart des dévots étaient déjà montés à bord, je me suis retourné pour regarder en arrière dans la salle d'attente. L'homme d'affaires s'était rassis, tout seul. Il n'avait pas repris sa lecture. Il regardait fixement par la fenêtre l'avion dans lequel Amma venait d'embarquer. Visiblement, il refoulait ses larmes.

Alors, quelle est la différence ? Pourquoi l'homme installé avec son panneau au coin de la rue a-t-il essuyé un tel échec tandis que personne ne résiste à Amma qui apparemment offre la même chose que lui ? La différence réside dans la qualité de ce qui est offert. Car bien sûr, l'étreinte d'Amma n'est pas ordinaire. « Quand Amma embrasse quelqu'un, il ne s'agit pas seulement d'un contact physique. L'amour qu'Amma ressent pour toute la création vient inonder tous ceux qui viennent à elle. Cette pure vibration d'amour purifie les gens, les aide à s'éveiller intérieurement et à grandir spirituellement », explique-t-elle.

Au cours d'un darshan bondé, une petite fille qui rencontrait Amma pour la première fois s'est approchée sur le côté avec un bout de papier à la main. Elle voulait désespérément montrer son dessin à Amma, mais le rythme du darshan était si rapide qu'il semblait qu'Amma n'aurait pas même le temps d'y jeter un coup d'œil. Puis, juste au milieu de toute cette activité, Amma a regardé la fillette du coin de l'œil.

Ensuite, dès qu'elle a eu une seconde de libre, elle s'est tournée vers la petite fille et lui a dit : « Oh, s'il te plaît, montre-moi ton dessin ! » Ravie, la fillette a exposé son œuvre et Amma a eu l'air très impressionnée. Nous nous tenions debout près d'elle et nous nous efforcions de deviner ce qui était représenté. Il s'agissait certainement d'une sorte de composition abstraite évoquant la silhouette d'un phoque chaussé d'après-ski.

Après avoir loué les efforts de la petite fille, Amma lui a donné une leçon de dessin. Elle a pris une feuille de papier, l'a placée sur le dos du dévot qui passait au darshan à ce moment-là, a esquissé une fleur et lui a dit : « Regarde, voilà comment on dessine une fleur ; à ton tour d'en faire une. » L'enfant s'est immédiatement mise au travail pour produire sa propre version de la fleur. « Oh, *très* bien ! » s'est exclamée affectueusement Amma. Ensuite, comme si elle avait tout le temps du monde, elle lui a montré comment dessiner une autre fleur, puis un arbre, puis un oiseau et plein d'autres choses, tout cela en continuant à donner le darshan. Et elle a inondé cette petite fille d'amour et d'affection. Plus tard, nous avons appris que l'enfant était dyslexique et avait des difficultés à l'école. Il est devenu évident qu'Amma le savait. Cette interaction a eu apparemment un profond impact sur la fillette, car depuis, elle n'a plus de problèmes d'apprentissage et elle arrive à étudier avec les autres enfants. Un seul échange avec Amma a permis à cette petite fille de voir le monde sous un jour totalement différent.

Un dévot de Seattle a vécu une expérience analogue. La première fois qu'il a assisté à un programme d'Amma, il y est venu en bus, d'un quartier assez éloigné. Il souffrait de sclérose en plaques et ne se déplaçait jamais sans une canne. Comme il était aussi sans emploi à l'époque, il vivait soit dans la rue, soit dans des logements minables, avec pour seul revenu sa pension d'invalidité. Il était pauvre, mais pas seulement du point de vue matériel. Il manquait de confiance en lui. Hanté par le sentiment d'être un cas désespéré, il s'était résigné à son sort. Le soir où il a rencontré Amma pour la première fois, il a écouté son discours, les chants dévotionnels puis il est parti, tout heureux de ce qu'il avait vécu, sans même aller au darshan. Pour rentrer chez lui, comme il n'y avait pas de bus tout de suite et qu'il se sentait plein d'énergie, il a décidé d'aller jusqu'au prochain arrêt à pied. Une fois là, il s'est reposé un court instant puis il s'est dit : « J'ai encore le temps de marcher jusqu'au prochain arrêt. » De cette manière, il a réussi à arriver chez lui avant le bus.

On pourrait mettre tout ça sur le compte d'une poussée d'adrénaline, mais son élan n'est pas retombé après ce soir-là. Peu de temps après, il a graduellement renoncé à utiliser sa canne pour marcher, et sa sclérose en plaques le gênait de moins en moins. L'amélioration de sa santé n'était qu'une petite partie de la transformation amorcée le soir de sa rencontre avec Amma. Deux mois plus tard, mû par une soudaine inspiration, il a posé sa candidature pour un poste d'assistant au bureau d'Aide Sociale local. On l'a chargé d'aider les gens du quartier et d'étudier leur dossier individuellement. En quelques mois, il est devenu responsable d'un secteur du Service Social. Deux ans plus tard, on l'a nommé directeur du Service d'aide sociale, l'une des plus importantes « Banques Alimentaires » de Seattle. Il a ensuite passé un diplôme afin d'être embauché par la ville de Seattle. Il est à présent l'administrateur en chef du service social en faveur des sans-logis. Dans son bureau au soixantième étage, on trouve une photo d'Amma et également un des discours d'Amma qu'il a mis à la disposition de ses visiteurs. La première fois qu'il est venu au programme, Amma ne l'a même pas touché physiquement, mais voyez comme le seul fait de se trouver en présence d'un mahatma a complètement transformé sa vie. Amma nous fait tellement confiance que, presque malgré nous, nous sommes obligés de croire en nous.

Un jour, un brahmachari a pris le bus pour se rendre à un programme qu'il devait mener. Un passager lui a demandé à quel ashram il appartenait et où il allait. Le brahmachari lui a gentiment répondu. Avant de descendre du bus, l'homme lui a donné son numéro de téléphone et l'a invité à venir chez lui quand il reviendrait dans cette ville.

Quelques mois plus tard, comme le brahmachari se retrouvait au même endroit, il s'est subitement souvenu de ce monsieur et il a ressenti qu'il devait l'appeler de toute urgence. Répondant au téléphone, l'homme a proposé au brahmachari de descendre du bus et expliqué où il viendrait le chercher. Le brahmachari est donc descendu à l'arrêt suivant et bientôt, il montait dans la voiture de son hôte. Dès que la voiture a démarré, le brahmachari a été très choqué de se rendre compte que l'homme était complètement saoul. Mais très vite, la voiture s'est arrêtée devant une villa. Le chauffeur est sorti de la voiture, a ouvert la portière au brahmachari et l'a invité à entrer chez lui.

Sur le pas de la porte, la mère et l'épouse du monsieur les ont accueillis. Les deux femmes pleuraient. L'épouse a raconté que quelques instants auparavant, elle avait essayé d'intervenir dans une dispute entre son mari et sa belle-mère. Alors, son mari avait pris un couteau de cuisine et s'apprêtait à bondir sur elle quand le téléphone avait sonné. En entendant la voix du brahmachari, le mari avait brusquement retrouvé la raison. Il avait posé le couteau et quitté la maison pour aller chercher son invité. Si le brahmachari avait appelé une minute plus tard, le mari aurait bien pu tuer sa femme.

Après la visite du brahmachari, le caractère de cet homme s'est complètement transformé. Il a emmené sa femme et sa mère voir Amma à qui il a confessé tout le mal qu'il avait fait. Amma lui a dit : « Ne gâche pas ta vie, mon fils. » Il a pris ce conseil au sérieux. Depuis ce jour-là, il ne touche plus à l'alcool et se montre affectueux envers sa femme et sa mère.

L'amour d'Amma peut atteindre les replis les plus sombres et les plus reculés du cœur humain. Même des prisonniers se sont amendés en entendant parler d'Amma et de son amour inconditionnel.

Un de ces jeunes gens raconte qu'il faisait partie d'une bande de délinquants qui consommaient et revendaient de la drogue. Un membre d'une bande rivale lui a même tiré dessus avec un révolver. Et puis un jour, il a vu la photo d'Amma dans un magazine et il a décidé de se rendre au programme annoncé. Il a passé toute la nuit à regarder Amma, mais sans aller au darshan. Fasciné par l'amour altruiste et inconditionnel d'Amma, il est parti réconforté et motivé par le discours spirituel dans lequel Amma parlait d'une vie consacrée au service de l'humanité.

Mais son passé continuait à le poursuivre et il n'arrivait pas à se défaire complètement de ses dépendances. Il s'est retrouvé sans logis, à la rue. Il savait désormais qu'une vie de service et d'amour était possible mais comme il lui paraissait impossible de mettre cet idéal en pratique, il s'est mis à croire qu'il valait mieux mourir. C'est à ce moment-là qu'il a été arrêté et emprisonné. Après quelques semaines de détention, toujours en prison, il a tout à coup pensé à Amma et s'est souvenu de ce qu'il avait ressenti en sa présence. Il a pris conscience que malgré son passé et toutes ses fautes, Amma l'aimerait toujours comme son propre fils, et il s'est mis à pleurer de joie. Il se trouvait en prison, et pourtant, il s'est senti libre pour la première fois de sa vie.

Ensuite, devant plus de 70 compagnons détenus, il a parlé de l'amour parfait qu'il avait découvert en Amma. Il a écrit à l'ashram de Californie qui lui a envoyé un colis contenant des livres, des photos et des lettres d'encouragement écrites par certains résidents de l'ashram. Il a lu les livres, les a fait circuler et a couvert les murs de sa cellule de photos d'Amma.

Peu de temps après, il a eu l'idée d'offrir un dîner de Noël aux prisonniers. Par la suite, un des cadres du pénitencier lui a confié qu'il n'avait jamais vu un tel événement se dérouler en prison et quelques détenus ont témoigné que ce jour-là, ils avaient pu oublier qu'ils étaient enfermés.

Ce jeune homme a été rapidement relâché et il consacre maintenant sa vie à aider ceux-là même qui ont perdu tout espoir d'être aidés. Grâce à l'Organisation Non Gouvernementale d'Amma en Amérique, il a mis sur pied un projet d'aide aux prisonniers de tous les pénitenciers du pays. Ce projet met des livres à la disposition des détenus et propose aux dévots d'écrire des lettres aux personnes incarcérées pour qu'elles restent en contact avec des êtres humains aimants. Chaque année, il emmène des sans-logis et des gens en cure de désintoxication au programme d'Amma. Ils y reçoivent un repas chaud et une étreinte qui transforme leur vie.

Dans la Guru Gita, il est dit :

*ajñāna timirāndhasya jñānāñjana śalākayā*
*cakṣurun mīlitam yena tasmai śrī gurave namaḥ*

Salutations au Guru qui, avec le baume de la Connaissance, ouvre les yeux de celui qui est aveuglé par la cataracte de l'ignorance.

Les paroles d'un maître authentique détiennent un pouvoir spécial qui nous ouvre les yeux sur nos propres potentialités. L'histoire d'un autre prisonnier vient à l'appui de cette vérité : après avoir été arrêté en 1996 et condamné à dix ans d'enfermement, son comportement n'a fait qu'empirer. Il a fini par agresser un gardien et a été condamné à rester trois années supplémentaires en isolement. Pendant cette période, il n'était autorisé à sortir qu'une heure par jour. Après trois mois, il a examiné la situation et s'est demandé : « Comment en suis-je arrivé là ? » Il a compris qu'il devait changer mais il ne savait pas comment s'y prendre. Dès le lendemain, un gardien est venu avec un chariot rempli de livres et lui a proposé de lire quelque chose. Il a été immédiatement attiré par la photo d'Amma sur la couverture d'un livre. En découvrant l'enseignement d'Amma sur l'instabilité du mental et la tendance des êtres humains à prendre de mauvaises décisions quand ils se trouvent sous l'emprise de leurs émotions, il lui a semblé qu'Amma décrivait précisément la vie qu'il avait menée jusque-là. Il a suivi ses instructions pour commencer à méditer, et progressivement, il est devenu plus conscient de ses émotions et il a pu prendre de meilleures décisions. Il a fini par constater que même lorsqu'il se sentait en colère, il ne disait plus rien de négatif et n'agissait plus de façon destructrice. Il était désormais capable de renoncer consciemment à des comportements qu'il aurait pu regretter par la suite.

D'après lui, cela a été le premier pas vers le contrôle de conduites qu'il avait cru inhérentes à sa personnalité. Aujourd'hui, c'est un jeune homme irréprochable qui fait de brillantes études à l'université. Il s'est spécialisé en physique et en ingénierie. Il attribue chacun de ses succès à la sagesse divine et à l'amour parfait d'Amma.

En Inde aussi Amma a sauvé des âmes perdues et transformé les cœurs les plus endurcis. Je me souviens d'un homme devenu dévot assez tard dans sa vie. Dire qu'il avait eu un passé « douteux » ne serait pas exagéré. Enfant, il était souvent le souffre-douleur de ses camarades d'école. Un jour, il s'est battu pour se venger. Il a imposé le respect au plus méchant des gosses et tous les autres se sont mis à avoir peur de lui. Plus personne n'a osé se moquer de lui ni le toucher. Il en a conclu que la violence lui garantissait sécurité et pouvoir. Il a grandi avec cette conviction et une fois adulte, il est devenu homme de main. Il aidait les usuriers à récupérer leur argent par la force. Il s'est taillé une telle réputation que son nom seul suffisait à semer la panique chez ceux qui tardaient à rembourser leurs dettes.

Et puis un jour, sa femme est venue à l'ashram. Touchée par la vie, le message et les manières affectueuses d'Amma, elle est devenue une dévote et s'est mise à fréquenter l'ashram aussi souvent que possible. Elle a placé des photos d'Amma chez eux dans leur salle de prières. Comme elle se rapprochait d'Amma, l'alcoolisme bien ancré et la brutalité de son mari l'affectaient de plus en plus. Elle proposait souvent à son époux d'aller voir Amma mais il n'avait jamais manifesté aucun intérêt. Cependant il n'aimait pas voir sa femme malheureuse ; aussi, quand elle lui a demandé de jurer sur la photo d'Amma qu'il renonçait à l'alcool et à son travail cruel, il a juré sans hésiter. Toutefois, sa seule intention était de l'apaiser, pas de changer quoi que ce soit dans sa vie. Il a donc continué à se conduire comme avant. Mais quand sa femme l'a prié à nouveau d'aller voir Amma, il a accepté sans bien savoir pourquoi.

C'était la première fois que cette femme revenait à l'ashram depuis qu'elle avait arraché à son mari la promesse de devenir sobre. Elle n'avait donc pas eu l'occasion d'en parler à Amma. Mais à peine son époux était-il agenouillé devant Amma, que celle-ci le réprimandait gentiment : « Hé mon fils ! Comment oses-tu trahir une promesse ? » Ces paroles, qui semblaient prononcées à la légère, ont frappé le mari comme la foudre. Amma était au courant de sa promesse ! Elle savait donc aussi tout ce qu'il avait dit et fait ! Malgré cela, elle voyait encore assez de bonté en lui pour le prendre dans ses bras et lui parler aussi affectueusement que s'il avait été son fils bien-aimé. De ce jour, il a respecté le serment qu'il avait fait à sa femme, et il est aussi devenu l'un des plus fervents dévots de sa région. Il a pris l'enseignement d'Amma à cœur : il a un nouveau travail, honnête celui-là, et alloue régulièrement une partie de son salaire pour acheter des livres et des uniformes aux étudiants pauvres.

Amma répète que même une montre cassée donne l'heure exacte deux fois par jour. Avec cette générosité inébranlable et une patience infinie, elle soigne les êtres brisés, et quand ils ont retrouvé la plénitude, elle les redonne au monde sous forme de prasad. En soufflant sur la dernière étincelle de bonté qui subsiste dans les cœurs les plus sombres, elle allume un grand feu d'amour, de compassion et de bonté.

C'est grâce à son amour que, partout dans le monde, elle transforme la vision que les gens ont d'eux-mêmes, de leur potentiel, de leur communauté et de l'univers. Son champ d'action ne se limite pas à ceux qu'elle embrasse physiquement. Nombreux sont ceux qui n'ont pas les moyens de venir voir Amma ou qui vivent trop loin de là où elle passe. Mais ils entendent parler de son œuvre et ne peuvent s'empêcher de vouloir, eux-aussi, faire leur part, d'une façon ou d'une autre.

« On atteint la plénitude quand l'amour et la connaissance se rejoignent, dit-elle. Puisse le cœur de mes enfants se remplir de véritable connaissance et d'amour sincère ! Puissent mes enfants devenir la lumière du monde entier ! »

# Chapitre 13

# Sortir de la Zone de Confort

*« Tout ce que Dieu vous demande expressément, c'est de sortir de vous-mêmes et de laisser Dieu être Lui-même en vous. »*

– Maître Eckart

Amma raconte l'histoire suivante : un général remarque qu'un jeune capitaine promis à une brillante carrière a pris la mauvaise habitude de boire. Il convoque le capitaine ivre dans son bureau et l'admoneste : « Vous êtes un homme de valeur mais vous êtes en train de détruire votre vie. Si vous renonciez à l'alcool, vous pourriez bientôt devenir colonel. »

Le capitaine éclate de rire et réplique : « Alors ça n'vaut pas l'coup. Si je n'bois plus, je deviens seulement colonel, alors que quand je suis saoul, je suis déjà général ! »

Amma répète qu'il est facile de réveiller quelqu'un qui dort, mais difficile de réveiller quelqu'un qui fait semblant de dormir. Ceci signifie qu'à un certain niveau, nous sommes conscients que la vie que nous menons ou que les choix que nous faisons ne sont pas conformes à notre but spirituel.

Amma fait prier ses enfants de cette manière :

*Ô Seigneur, fais que chacune de mes pensées soit tournée
vers Toi,*

*Que chacune de mes paroles soit un hymne à Ta gloire,*

*Que chacune de mes actions soit une offrande à Tes pieds
de lotus,*

*Que chacun de mes pas me rapproche de Toi. »*

Cela vaut la peine de vérifier que notre comportement est vraiment en accord avec cette prière. Car, pourquoi demander que chacun de nos pas nous rapproche de Dieu si nous courons ensuite dans la direction opposée ?

Un homme est assis paisiblement au chevet de son père mourant.

« S'il te plaît, mon garçon murmure le vieillard, souviens-toi que l'argent ne fait pas le bonheur.

— Je sais, Papa, répond le fils, mais l'argent permet au moins de choisir un malheur à notre goût. »

C'est ainsi que, généralement, nous nous résignons au moindre mal. Nous faisons des choix contraires à notre but spirituel parce qu'ils nous permettent de conserver notre confort. Mais pour atteindre le but de la vie spirituelle, nous devons soit élargir l'idée de notre identité jusqu'à inclure l'univers tout entier, soit oublier totalement notre petite personne. Chacune de ces méthodes nécessite que nous sortions de notre zone de confort, que nous fassions ce que nous n'aimons pas faire, et que nous apprenions à placer les besoins et les désirs d'autrui avant les nôtres. Sinon, nous restons prisonniers de nos attractions et aversions. Heureusement pour nous, Amma, en véritable expert, nous prend par la main pour nous guider gentiment au-delà des barreaux de notre petit confort.

Lors d'une tournée dans le Nord de l'Inde, nous nous sommes arrêtés sur le bord de la route pour le déjeuner. Amma a servi à tout le monde du riz, un curry de tapioca et du sambar (de la sauce épicée à base de légumes). Après la prière de bénédiction, nous commencions à manger, quand Amma a remarqué un brahmachari assis à côté d'elle qui n'avait pas encore touché à son assiette. Il regardait son repas d'un air morose. C'est qu'il ne raffolait pas du tapioca. « Hé, mange quelque chose ! » lui a lancé Amma. Se résignant à son sort, il s'est mis à avaler sans grand enthousiasme quelques bouchées de nourriture. Subitement, Amma lui prend son assiette et renverse presque tout le curry dans la sienne. Terriblement embarrassé, le brahmachari a regardé Amma manger son tapioca. La tradition indienne considère qu'il est très irrespectueux de laisser une autre personne, et à plus forte raison le guru, finir notre assiette. Mais Amma était sereine. Après avoir tout avalé, elle a dit : « Je lui ai pris son curry. Qu'on lui en redonne ! »

Aussitôt un des hommes qui servait le repas lui en apporte et le brahmachari se fait un devoir de le manger. Mais tandis qu'il l'ingurgite, une idée bizarre lui vient : si Amma a pris sa part de tapioca, c'est qu'elle doit vraiment aimer ça. Qu'est-ce qui l'empêcherait lui aussi d'aimer ce curry ? Et il prend conscience qu'il ne ressent plus aucune aversion pour le tapioca. Par la suite, chaque fois que ce légume a été au menu, il s'est souvenu de l'incident avec Amma et petit à petit, il s'est mis à apprécier le tapioca. Maintenant, quand on en sert, il en prend deux fois.

Il en va de même du service désintéressé ou des pratiques spirituelles : d'ordinaire, nous ne les aimons guère, mais en voyant Amma les accomplir avec tant d'enthousiasme et de sincérité, nous avons forcément envie de l'imiter.

Au début de la vie spirituelle, toutefois, nous pouvons nous attendre à nous heurter à certains obstacles. Par exemple, lorsque nous rencontrons notre maître spirituel, nous avons grand espoir d'être guidés. Mais lorsque le maître commence effectivement à nous donner quelques recommandations, il nous arrive de ne pas apprécier du tout ce qu'il nous dit. Par définition, le travail du maître spirituel consiste précisément à nous aider à dépasser nos attractions et nos aversions. Nous devons nous en souvenir lorsque nous recevons ses instructions. Car il risque de nous dire exactement ce que nous n'aimons pas entendre et de nous demander de faire justement ce que nous n'aimons pas. Préparons-nous à cela et souvenons-nous que c'est pour notre bien que cela arrive, pour nous aider à mieux comprendre ce que nous sommes et ce dont nous sommes capables.

Pendant nos premières années avec Amma, nous ne connaissions rien à la spiritualité. Nous étions seulement attirés par son amour maternel inconditionnel. Elle s'est d'abord montrée très indulgente avec nous, telle une mère avec ses enfants. Mais par la suite, elle a annoncé qu'elle allait mettre en place quelques règles pour favoriser notre croissance spirituelle : « Quand une plante est jeune, elle a besoin d'être protégée car elle risque d'être mangée par des animaux errants ou piétinée par des passants inattentifs. Mais plus tard, quand elle est devenue un arbre, elle est tellement solide qu'on peut y attacher un éléphant. Ainsi, durant les étapes initiales, un aspirant doit adhérer strictement à la discipline établie par la tradition de la vie spirituelle. »

Une des nouvelles règles instaurées alors par Amma interdisait la consommation de thé et de café. « Si nous ne pouvons pas traverser une petite rivière (renoncer à boire du café), comment espérons-nous traverser l'océan du samsara (le cycle des naissances et des morts) ? » demande Amma.

Mais un des brahmacharis avait du mal à perdre son habitude de boire du café, et continuait à s'en faire et à le boire en cachette. Un jour, il en a préparé une seconde tasse pour un autre brahmachari. Mais ce dernier, se sentant coupable d'avoir trangressé l'interdit, est allé confesser sa faute à Amma. Elle a appelé le premier brahmachari et lui a reproché publiquement d'exercer une mauvaise influence sur l'autre qui venait tout récemment de se joindre à l'ashram. Plus tard dans la journée, nous étions quelques-uns assis dans le coin de la cuisine quand le premier brahmachari est arrivé, visiblement irrité. « Désormais, a t-il déclaré, je ne donnerai plus de café à personne ! »

Ainsi, lorsque le guru nous dit quelque chose qui nous déplaît, nous pouvons toujours trouver une manière d'interpréter ses paroles qui contourne la nécessité de changer notre comportement. Pour nous mettre en garde contre cette tendance Amma raconte l'histoire suivante :

Un homme se met en quête d'un maître spirituel. Il veut un guru qui puisse le guider selon ses propres désirs. Mais aucun des maîtres qu'il rencontre ne consent à faire cela. Partout où il va, les règles imposées par le guru lui déplaisent. Finalement, il est fatigué et s'allonge dans un champ pour se reposer. Il songe : « Il semble qu'il n'existe personne qui puisse me guider comme je le souhaite. Je refuse de devenir l'esclave de quiconque ! Ce que je choisis de faire, n'est-ce pas Dieu qui me le fait faire de toute façon ? » Tournant la tête, il aperçoit un chameau tout près qui hoche la tête. Il reprend espoir : « Ah, voilà quelqu'un qui pourrait être mon maître ! Ô chameau, veux-tu me servir de maître ? » lui demande t-il. Le chameau dodeline de la tête. Alors, l'homme choisit le chameau comme guide spirituel.

« Maître, puis-je vous emmener chez moi ? » L'animal hoche la tête. Le gars emmène le chameau chez lui et l'attache à un arbre. Quelques jours passent. « Maître, je suis amoureux d'une fille. Puis-je l'épouser ? » Le chameau fait oui de la tête.

« Maître, je n'ai pas d'enfants, » dit le mari un peu plus tard. Le chameau agite la tête. Des enfants naissent.

« Puis-je boire un peu d'alcool avec mes amis ? » veut savoir le père de famille. Le chameau bouge la tête. L'homme devient alcoolique. Il se querelle avec sa femme.

« Maître, ma femme m'embête. Est-ce que je peux la battre ? »
Le chameau balance la tête. Le mari rentre chez lui et frappe sa
femme. Elle crie au secours. La police arrive et le jette en prison.

Amma dit : « Le guru ressemble au médecin qui empêche
une personne de dormir car elle s'est fait mordre par un serpent.
On pourrait croire que le docteur n'a aucune pitié et qu'il ferait
mieux de laisser le patient se reposer. Mais le médecin sait que si
le malade s'endort, il peut mourir. » De même : « Si vous trouvez
un guru qui vous laisse faire tout ce que vous voulez ou si vous
vivez seulement à votre guise, vous continuerez simplement à vivre
en étant esclave de vos désirs. »

À un ami adepte d'une voie spirituelle différente, un dévot
d'Amma se plaignait des divers conflits qui troublaient son groupe
de satsang. L'ami l'écoute un peu et l'interrompt : « On rencontre
les mêmes difficultés dans mon groupe, mais toi, tu n'as pas de
souci à te faire.

— Et pourquoi donc ? a demandé le dévot d'Amma.

— Parce que ton guru est authentique. Je suis convaincu
qu'Amma est un maître parfait. Alors, tout ce qui arrive dans ton
groupe de satsang va forcément t'aider à croître spirituellement. »
Mais le dévot proteste : « Attends un peu ! Si je me souviens bien,
la première fois qu'Amma est venue dans notre ville, tu as assisté
à son programme mais tu n'es plus jamais revenu.

— C'est juste, confirme cet ami. Je suis entré et j'ai vu Amma
assise dans le hall en train de donner le darshan. Je n'ai eu qu'à
poser les yeux sur elle pour savoir qu'elle était un véritable guru.
Alors, j'ai fait demi-tour et je suis ressorti.

— Mais pourquoi ?

— Parce que j'ai compris qu'avec elle, il faudrait travailler
intérieurement. J'ai su que si je restais avec Amma, tôt ou tard,
j'aurais à quitter mes habitudes confortables et à changer pour
de bon. »

Ceci s'applique à chacun de nous. Si nous allons voir un maître véritable comme Amma, ce n'est pas pour oublier nos problèmes ou ceux du monde. Pour cela, il suffit de regarder un film ou de boire un verre. Il ne s'agit pas de *perdre* mais de *prendre* conscience. Amma nous rend plus conscients de notre monde intérieur mais aussi de notre environnement. « Lorsque nous voyons des gens qui souffrent à la télévision, dit-elle, notre première réaction, c'est de changer de chaîne. Mais nous ne devrions pas refuser de regarder la souffrance des autres. Il y a des problèmes dans le monde et Amma souhaite que ses enfants contribuent à y trouver des solutions ». C'est pourquoi elle nous encourage à réduire nos dépenses inutiles et à travailler une demi-heure de plus par jour pour donner de l'argent aux pauvres. Elle affirme aussi que gaspiller de la nourriture est une forme de violence. Ses instructions ne sont pas toujours faciles à suivre, et en nous, le côté faible, paresseux ou égoïste se plaint qu'Amma ne soit pas raisonnable. Mais si nous prenions ses instructions à cœur, si nous nous efforcions de les suivre sincèrement, le monde n'en deviendrait-il pas plus agréable ? Ne serions-nous pas bien plus heureux ?

Il n'existe jamais une seule version de tout ce qui peut se dérouler autour d'Amma. En vérité, pour un même événement, il existe autant de variantes que de dévots présents. Car chacun observe la situation à sa manière, et en garde pour toujours un souvenir précieux, différent de celui de son voisin. Ainsi, voici comment un brahmachari raconte l'épisode où Amma a préparé des unniyappam (sorte de beignets sucrés) sur le toit de l'ashram à Madurai.

Tandis qu'Amma versait la pâte dans l'huile bouillante et retirait les beignets quand ils étaient prêts, elle a déclaré en riant : « Ceux-là ne sont qu'à moitié-cuits, un peu comme certains de mes enfants. » Un brahmachari assis près d'elle a pensé : « Oui en effet, contrairement à moi, la plupart de ces gens ne sont pas vraiment prêts à recevoir l'enseignement d'Amma … en fait, ils ne se sont pas complètement abandonnés à la volonté du guru. »

Un peu plus tard, Amma a distribué le prasad : deux unniyappam par personne. Selon la tradition, un vrai disciple accepte tout ce que le guru offre comme prasad. Cependant, ce brahmachari avait récemment souffert de nausées et de maux d'estomac et le médecin lui avait conseillé d'éviter les fritures tant qu'il ne serait pas complètement remis. Se souvenant de sa diète, il n'a pas tendu la main pour recevoir le prasad d'Amma. Lorsqu'elle a demandé en malayalam à tous ceux qui n'avaient pas encore reçu de prasad de lever la main, elle a regardé le brahmachari et lui a demandé de traduire ce qu'elle venait de dire en anglais. Ce qu'il a fait, mais là encore, toujours sans lever la main. Une fois tout le monde servi, il s'est penché vers Amma pour lui faire part de ses problèmes de santé. Avec beaucoup de tendresse, Amma s'est exclamée : « Oh ! Mon fils, tu ne te sens pas bien ? Mange donc ceci. » Et avec un sourire malicieux, elle lui a gentiment déposé deux unniyappam dans la main en prenant soin de lui faire replier les doigts sur l'offrande.

Quand Amma s'est levée pour partir, le brahmachari a compris qu'elle s'était moquée de lui parce qu'il avait hésité à accepter le prasad du guru. Elle lui montrait que lui aussi faisait partie de ses enfants « à moitié cuits ».

C'est ainsi qu'Amma crée des situations pour que nous prenions conscience de nos tendances négatives et cherchions à les dépasser. Néanmoins, elle ne nous force pas à faire quoi que ce soit.

Il y a environ 18 ans, tous les résidents de l'ashram s'étaient mobilisés pour assécher un coin d'Amritapuri inondé. Un camion avait déchargé un gros tas de sable et les gens faisaient la navette entre ce tas et la zone inondée. Un jeune brahmachari qui n'avait aucune inclination pour le travail physique s'est pris à penser : « Quand va-t-on venir me remplacer ? Cela fait une éternité que je fais ce travail ! » Quand il s'est retrouvé au tas de sable la fois suivante, au moment où il se penchait pour basculer un autre sac sur son épaule, Amma est arrivée en courant et l'a appelé : « Mon fils, ça fait combien de temps que tu transportes du sable ?

— Presque deux heures.

— Deux heures ! s'est-elle écriée. Regardez ce pauvre garçon…comme il travaille dur et depuis si longtemps. » Et sur ces mots, elle a voulu enlever le sac qu'il portait sur le dos. Le brahmachari ne l'a pas laissée faire. Il s'est éloigné pour aller vider le sac. Mais Amma a attendu qu'il revienne et lui a dit :

« Va te reposer, mon fils. »

Dans le passé, notre réticence à abandonner notre petit confort a pu nous faire commettre des erreurs et manquer des occasions d'accomplir de bonnes actions, mais ne culpabilisons pas de faux pas faits sur le chemin qui mène à Dieu. Même si l'eau de notre mental est très sale, nous pouvons toujours la purifier petit à petit en y versant l'eau fraîche de nos actions et pensées consacrées au divin. La maladie et le péché sont des aspects inévitables de l'existence humaine. La maladie est symptôme d'un déséquilibre au niveau du corps physique et le péché, symptôme d'un déséquilibre au niveau du mental. La spiritualité nous aide à rééquilibrer le mental et à nous remettre sur la bonne voie.

On compare la façon dont le guru sélectionne ses disciples à la fabrication de la pâte de santal : traditionnellement, on ajoute de l'eau du Gange à de la poudre très fine de bois de santal. L'eau du Gange symbolise le disciple pur, et le bois de santal représente le maître spirituel, parfum de la Connaissance authentique. Habituellement, les maîtres sélectionnent les disciples les plus purs, ceux qui ont un caractère vertueux et spirituel. Mais les vrais maîtres comme Amma n'ont pas du tout ce genre de considérations. Même si l'eau du Gange est à leur portée, au lieu d'en prendre, ils choisissent l'eau croupie, c'est-à-dire le disciple qui manque de qualités, pour préparer la pâte de santal. Peu leur importe la difficulté de la tâche, ils la poursuivent jusqu'au bout, avec infiniment de patience et de compassion.

Ainsi, nous ne devrions jamais abandonner le chemin sous prétexte que nous ne sommes pas assez qualifiés pour le suivre. Profitons plutôt au maximum de la chance que nous avons d'être en présence d'un mahatma comme Amma pour développer et purifier notre amour pour Dieu. Inspirés par ses prières et son travail, nous finirons, nous aussi, par oublier notre petit moi et ferons l'expérience du vrai bonheur éternel.

# Chapitre 14

# S'Attacher à la Vérité

*« En développant une relation personnelle avec un maître authentique, en créant un attachement à sa forme extérieure, vous établissez en fait une relation avec Dieu, la Conscience Suprême, votre propre Soi intérieur. Ce n'est pas comme développer un attachement à un individu ordinaire. C'est une relation qui va vous aider à rester détaché en toutes circonstances. Elle prépare votre mental à faire le dernier saut dans la Conscience de Dieu. »*

– Amma

Les Écritures nous disent que tous les buts dans la vie peuvent être divisés en deux catégories : *preyas* (la prospérité matérielle) et *sreyas* (l'évolution spirituelle). Que nous recherchions l'une ou l'autre, les facteurs essentiels nécessaires pour réussir sont les mêmes. On les appelle *iccha-sakti*, *jnana-sakti* et *kriya-sakti*, les pouvoirs du désir, de la connaissance et de l'action.

Nous avons le pouvoir de désirer. Ce qui est en soi un privilège exclusivement réservé aux êtres humains. Les animaux ne désirent rien en dehors de leurs besoins de base. Un singe ne peut pas désirer posséder un ordinateur. Si vous donnez un ordinateur à un singe, il le casse ou le jette. Par contre, les humains peuvent désirer tout ce qui appartient au monde matériel et au-delà.

Lorsque nous éprouvons un désir, nous cherchons les moyens de le satisfaire. Dieu nous a donné la pensée et la réflexion afin de découvrir comment exaucer nos désirs.

Cependant, le seul fait de connaître le moyen de combler un désir ne suffit pas. Nous devons mettre ce moyen en œuvre. Voilà pourquoi Dieu nous a donné le pouvoir d'agir. Sans lui, nous serions incapables de bouger le petit doigt. Ainsi, que nos objectifs appartiennent à *preyas* ou *sreyas*, nous disposons de trois types de pouvoir pour les réaliser.

Nous rêvons tous de prospérité matérielle, à un niveau ou à un autre. À l'école, nous apprenons à définir nos buts matériels et à acquérir les talents indispensables pour les atteindre. Cependant, l'éducation moderne se contente de nous aider à obtenir preyas. Même si nous passons notre thèse, nous n'avons pas acquis le véritable savoir, celui que les textes sacrés définissent comme l'élimination des idées fausses concernant notre nature et celle du monde. Connaître notre vraie nature et celle de l'univers nous aide à obtenir sreyas, la croissance spirituelle.

Un jour, un passant croit voir briller sur le trottoir une pièce d'or. En la ramassant, comme il se rend compte qu'il s'agit seulement d'un papier de bonbon, il le jette immédiatement, sans hésiter. De même, lorsque nous atteignons la connaissance de ce qui est vrai et de ce qui est faux, nous nous détournons aussitôt de ce qui est faux et nous nous accrochons à la vérité.

Comme nous n'avons pas encore atteint la Connaissance Suprême, nous devons nous attacher à un maître comme Amma qui est établie dans cette Connaissance. Cette relation nous aide à éliminer les fausses idées sur notre véritable nature. Selon Amma, lorsque nous nous rendons dans une nouvelle région, nous pouvons utiliser une carte routière pour nous repérer, mais l'idéal est qu'un habitant sur place nous serve de guide.

Ainsi, avant de tenter son ascension, Edmund Hillary a étudié en détail toutes les informations concernant le Mont Everest, puis il a demandé l'aide d'un guide local pour garantir le succès de son exploit. Considérons également le cas d'un brillant chirurgien ophtalmologiste qui aurait besoin d'être opéré des yeux. Il ne peut pas réaliser cette opération lui-même. Il doit passer par le service d'un autre chirurgien. De même, nous pouvons étudier soigneusement les Écritures, mais cela ne suffit pas pour réaliser le Soi. La pureté absolue du mental est indispensable. Sans elle, nous ne serons jamais capables de prendre conscience de nos faiblesses et idées négatives. Nous avons donc besoin de l'aide d'un maître authentique qui fonctionne comme un miroir et nous montre clairement nos imperfections ; car c'est seulement quand nous sommes clairement conscients de nos défauts, que nous voulons nous en débarrasser.

Que signifie « s'attacher à un maître » ? Cela ne veut pas dire se cramponner à sa forme physique et refuser de la lâcher. Il s'agit plutôt de se souvenir de lui constamment, tout au long de la journée. La façon la plus facile d'y arriver est de développer une relation avec le maître. Il sera plus facile de se souvenir d'Amma en cultivant notre relation avec elle. Exactement comme nous nous souvenons des membres de notre famille et de nos amis, même s'ils habitent loin de chez nous.

Lorsque nous sommes loin d'elle physiquement, n'importe lequel de ses dévots nous permet de nous sentir plus près d'elle. Un Occidental qui avait vécu à Amritapuri avait dû rentrer dans son pays natal pour régler quelques affaires familiales. En Inde, à l'ashram, il avait rencontré par hasard un autre Occidental qu'il aimait si peu qu'il l'évitait systématiquement. Mais quelques mois après son retour en Occident, voilà qu'il aperçoit cet homme dans la rue. Il était si content de le voir qu'il l'a invité à dîner chez lui et l'a traité comme un frère longtemps perdu de vue. Le seul fait de le revoir lui rappelait Amma et lui donnait l'impression qu'elle n'était pas si loin.

Dans tout ce qu'elle fait, Amma n'a qu'un objectif : nous aider à nous relier étroitement à elle et nous attacher ainsi à la Vérité Suprême ou à Dieu. Comme Sri Krishna le dit dans la *Bhagavad Gita* (3.22) :

*na me pārthāsti kartavyaṁ triṣu lokeṣu kiṁcana*
*nānavāptam avāptavyaṁ varta eva ca karmaṇi*

Il n'y a rien dans ces trois mondes, ô Partha, que je doive faire ou que je doive atteindre. Pourtant, je m'engage dans l'action.

Amma n'a rien à gagner quand elle passe du temps avec nous ni quand elle accomplit la moindre action. À un reporter qui lui demandait ce qui, dans sa position, lui donnait le plus de satisfaction et de contentement, elle a répondu : « Contentement ? Je suis toujours contente. Quand on n'est pas rempli, on essaie de prendre quelque chose aux autres afin de se remplir. Mais dans mon cas, c'est l'inverse, ça déborde continuellement. »

Certains pensent qu'il est inutile de confier nos problèmes et nos soucis à Amma puisqu'elle est identifiée à l'Être Suprême qui sait tout et existe au-delà de tout. Mais c'est comme si un écolier disait qu'il ne doit pas demander à son père de l'aider à faire ses devoirs parce qu'il a déjà fini ses études. En pensant cela, l'enfant perd l'occasion de profiter de l'aide de son père.

Bien que le guru soit au-delà des noms et des formes, si nous voulons grandir spirituellement, il vaut mieux avoir avec lui une relation personnelle, comme avec une personne ordinaire, tout en nous souvenant de sa véritable nature transcendante. Si nous tentons de nous relier à Amma au niveau de l'absolu, nous allons tout droit vers les erreurs, les malentendus et la confusion car notre conscience est encore située au niveau relatif du corps physique.

Un jour que le darshan venait juste de commencer lors d'un programme en Inde, un brahmachari a remarqué un visiteur qui pleurait à chaudes larmes. Il s'est approché de lui et lui a demandé ce qui se passait.

L'homme a répondu : « J'ai l'impression que mon cœur se dilate. » Comprenant la gravité de la situation, le brahmachari a tout de suite entrepris de le conduire directement à Amma sans lui faire faire la queue. Il a expliqué :

« Amma, ce monsieur a un gros problème : une dilatation cardiaque. »

Amma a regardé le visiteur d'un air interrogateur et lui a demandé : « Est-ce vrai, mon fils ? »

Souriant à travers ses larmes, l'homme a expliqué : « Non, non, il ne s'agit pas de mon cœur physique mais de mon cœur spirituel. Il se dilate grâce à ton amour, Amma. »

Le dévot et le brahmachari n'étaient pas sur la même longueur d'ondes, d'où le malentendu. De même, si nous essayons de communiquer avec Amma à son niveau, nous n'y arriverons jamais. D'ailleurs, au niveau de l'absolu, aucune communication n'est nécessaire, car tout est un.

Pour nous qui sommes établis dans la réalité objective, la présence de maîtres dans le monde est extrêmement précieuse. Les disciples d'Adi Shankaracharya attachaient une grande importance au corps et à la santé physique de leur maître, (un grand sage qui a rétabli dans toute l'Inde la suprématie de la philosophie non-dualiste, le Védanta Advaita).

Un jour, un *kapalika* (adepte de la magie noire) qui connaissait la compassion de Shankaracharya a prié le sage de lui donner sa tête en offrande car il en avait besoin pour accomplir un certain rituel. Comme il savait que son Véritable Soi ne serait pas affecté par la perte du corps physique, Shankaracharya a consenti à cette requête de bonne grâce, mais il a averti le kapalika que sa tête devrait être coupée sans que ses disciples le sachent.

Profitant d'un moment où tous les disciples étaient partis se baigner à la rivière, le mage s'est approché de Shankaracharya alors qu'il était absorbé en méditation. Le kapalika lève son épée pour trancher la tête du guru, mais voici que, surgissant de nulle part, Padmapada, l'un des disciples, terrasse le sorcier et le tue. Tandis qu'il se baignait, il avait eu l'intuition que son maître était en danger, aussi avait-il décidé de rentrer. Dévot du Seigneur Narasimha (une incarnation de Vishnu sous la forme d'un homme-lion), Padmapada avait invoqué la puissance de son dieu favori pour vaincre le kapalika.

Pour Shankaracharya, situé complètement au-delà du corps, cela n'aurait fait aucune différence si le kapalika l'avait tué. De son côté, Padmapada n'a pas pensé : « Mon guru est uni à l'Être Suprême indestructible qui transcende le corps et le mental, donc je n'ai pas besoin de protéger son corps physique. » Bien au contraire, par dévotion, il a fait tout ce qui était en son pouvoir pour protéger le corps de son maître et de cette manière, il s'est attiré la grâce de son guru.

Un jour que le sage Narada lui rendait visite, le Seigneur Krishna s'est plaint d'avoir terriblement mal à la tête. « Seule la poussière des pieds d'un dévot sincère, a-t-il dit à Narada, serait susceptible de me soulager ». Il lui a demandé de trouver un dévot authentique et de lui rapporter la poussière de ses pieds. Narada lui-même était un grand dévot de Krishna mais il pensait que ce serait un grand péché que d'appliquer la poussière de ses pieds sur le front du Seigneur. Alors il s'est mis en quête d'un dévot qui consentirait à faire cela. Mais tous ceux qu'il approchait réagissaient comme lui : ils ne voulaient pas donner la poussière de leurs pieds de peur de commettre un sacrilège épouvantable. Finalement, Narada est revenu vers Krishna les mains vides.

Alors, le Seigneur lui a conseillé d'aller demander aux *gopis*, les vachères de Vrindavan. Le sage ne croyait pas qu'il aurait plus de succès auprès d'elles, mais il s'est tout de même rendu à Vrindavan. Il a rapporté aux vachères que le Seigneur souffrait de migraine et parlé du remède qu'il avait demandé. Elles ont aussitôt tout lâché pour brosser le sable qui leur restait collé sous les pieds et en remplir un petit sac. Les gopis n'ont pas eu le moindre scrupule à donner au Seigneur la poussière qu'elles avaient sous les pieds. Il souffrait, et elles ne pensaient qu'à le soulager. Peu leur importait de commettre un grave péché si cela pouvait aider Krishna. Si elles avaient songé : « Krishna est Dieu ; Dieu peut-Il avoir la migraine ? », elles n'auraient eu aucun moyen d'exprimer leur amour et leur dévotion. On reproche parfois aux gopis d'avoir une vision trop humaine de la véritable nature de Krishna. Mais c'est justement leur dévotion et leur amour désintéressé, tous deux nés de leur vision, qui les ont aidées à se fondre en Dieu si rapidement. Si elles avaient considéré Krishna comme l'Absolu impersonnel, elles n'auraient pas eu la même capacité de fixer leur attention et leur amour sur Dieu. Et il leur aurait fallu plusieurs incarnations pour atteindre le but de la vie humaine.

Si au lieu de nous relier au maître au niveau humain, nous tentons d'établir avec lui une relation qui se situe seulement au niveau de l'Absolu, il nous sera difficile de nouer un lien puissant. Par exemple, certaines personnes sentent qu'Amma sait tout et elles ne voient pas l'utilité de lui écrire ni de lui confier leurs soucis.

Un brahmachari gardait ainsi secret un incident qui s'était déroulé avant qu'il ne vienne vivre à l'ashram. Il n'en parlait à personne, pas même à Amma. Parfois, il pensait à cet événement quand il s'approchait d'elle et songeait qu'elle lisait dans ses pensées. Mais il ne lui disait jamais rien tout haut. Comme cet incident continuait à agiter son mental, il a fini par décider d'alléger le fardeau de son cœur en écrivant une lettre à Amma.

Amma a lu sa lettre, et il est passé au darshan pour lui demander si elle était fâchée contre lui.

Amma a souri gentiment en le rassurant : « Bien sûr que non… tout ce qui est arrivé dans le passé est comme un chèque annulé. Commencer une nouvelle vie avec Amma, c'est comme recevoir une ardoise propre d'où toutes les erreurs ont été effacées. Fais seulement attention de ne pas répéter la même erreur ; si on persiste à gommer au même endroit, le papier finit par se déchirer. »

La réponse d'Amma a profondément soulagé le brahmachari. Quand il s'est relevé pour partir, Amma a ajouté : « De toutes façons, Amma connaissait déjà cet incident, mais le fait que tu lui en parles ouvertement lui permet de se rapprocher de toi. Tu as enlevé une barrière entre Amma et toi. »

Amma répète que le disciple doit être comme un livre ouvert devant son maître. Il ne doit rien lui cacher. Le maître sait tout de nous, mais quand nous lui ouvrons notre cœur, nous sentons plus facilement que le guru nous appartient. Tant que nous restons au niveau de la dualité, il est très important de nourrir une relation étroite avec le maître. Amma nous encourage à nous servir d'elle comme d'une échelle pour notre croissance spirituelle. N'est-ce pas précisément dans le but d'élever notre conscience au niveau de l'Absolu qu'Amma est descendue jusqu'à nous ?

Même si Amma voit l'unité inhérente à toute la création, elle entretient une relation très personnelle avec nous, ses enfants, puisque nous nous considérons comme des personnes séparées. Beaucoup de dévots voient en Amma une confidente et une amie pour la vie. Elle rit quand nous rions, elle pleure quand nous pleurons, et nous lui manquons quand nous partons.

En 2007, la veille du Tour des États-Unis, Amma s'est rendue chez un dévot au nord de Seattle. De nombreux fidèles étaient venus l'accueillir et célébrer le 21ème anniversaire du Tour d'été d'Amérique. Très vite, Amma s'est glissée au milieu des dévots pour leur demander des nouvelles de leur santé et de leur vie en général.

Quelques semaines auparavant, un dévot américain très proche d'Amma depuis leur rencontre en 1987 était décédé. Tout le monde sentait le vide laissé par son absence. Après s'être assise sur une chaise en face des dévots, Amma a demandé à chacun d'observer un moment de silence et de prier pour la paix de l'âme du défunt. Elle a aussi demandé à tous ceux qui étaient présents de penser à tous les dévots qui, pour une raison ou pour une autre, ne pouvaient pas être là.

Un repas avait été préparé et Amma n'a pas tardé à faire passer, en guise de prasad, des assiettes de nourriture à tout le monde. Tout en servant le repas, Amma a regardé intensément le visage de chacun de ses enfants. Cela faisait presque un an qu'elle n'avait pas vu la majorité des personnes présentes. Une jeune fille qui se tenait près d'Amma a remarqué qu'elle portait une bague en jade à la main droite. Comme Amma met rarement ce genre de bijoux, la jeune fille lui a demandé pourquoi elle avait cette bague. Amma a répondu que lors du dernier programme japonais, une femme lui avait donné cette bague avec beaucoup d'amour. C'est la dévotion de cette dame qui l'avait incitée à porter cette bague pendant quelque temps. Elle a précisé que le visage de la dévote japonaise lui avait rappelé l'épouse du dévot récemment décédé.

Elle a confié que cela arrivait souvent. Partout où elle va, le visage des gens à qui elle donne le darshan lui rappelle le visage d'autres dévots qui habitent de l'autre côté de la planète. Les voix aussi : la façon dont quelqu'un parle lui fait penser à quelqu'un d'autre qui habite très loin, dans un autre pays. De cette manière, Amma est toujours en train de penser à tous les enfants qu'elle a dans le monde, même s'ils ne peuvent pas être près d'elle physiquement.

# Chapitre 15

# Celui qui Observe et Ce qui est Observé

*« Ne cessons jamais d'explorer, l'exploration s'achèvera quand nous serons revenus au point de départ et que nous découvrirons cet endroit comme si c'était la première fois. »*

– T.S. Eliot

Un général qui croyait fermement à la victoire décida un jour de passer à l'attaque bien que son armée fût largement inférieure en nombre à celle de l'ennemi. Mais ses hommes, eux, étaient envahis par le doute.

Avant la bataille, le général sortit une pièce de sa poche et annonça : « Je vais tirer à pile ou face. Face, c'est la victoire, et pile, la défaite. Nous allons connaître le sort qui nous est réservé. »

Il lança la pièce en l'air et tous les soldats la suivirent du regard. Face ! Les hommes débordaient tellement de joie et de confiance qu'ils se lancèrent hardiment à l'attaque de l'autre camp et remportèrent la victoire.

Après la bataille, un lieutenant s'adressa au général : « Personne ne peut changer le destin ».

« C'est exact », dit le général en montrant au lieutenant sa pièce : elle avait deux côtés « face ».

La ruse du général n'a pas grossi ses troupes ni le stock d'armes. Mais elle a donné à ses hommes la confiance indispensable pour persévérer et cela a transformé la manière dont ils se

163

considéraient et estimaient leurs chances de gagner. C'est parce qu'ils s'en sont cru capables qu'ils ont remporté la victoire.

« Nous voyons dans le monde ce que nous y projetons, dit Amma. Si nous regardons avec des yeux pleins de haine et de vengeance, le monde nous apparaît exactement ainsi. Mais si notre regard est plein d'amour et de compassion, nous ne verrons partout rien d'autre que la beauté de Dieu. »

C'est ce que démontre un conte populaire japonais. Il était une fois, il y a bien longtemps, dans un village très loin d'ici, une demeure connue sous le nom de la « Maison aux Mille Miroirs ». Un tout petit chien très heureux entendit parler de cet endroit et décida d'aller le visiter. Quand il y arriva, il grimpa l'escalier en cabriolant joyeusement de marche en marche jusqu'au seuil de la maison. Une fois en haut, il regarda à l'intérieur, en dressant les oreilles et remuant rapidement la queue dans tous les sens. Quelle ne fut pas sa stupéfaction quand il y découvrit mille autres chiots tout aussi contents, dont la queue s'agitait aussi vite que la sienne ! Il leur fit un large sourire et reçut instantanément mille sourires aussi chaleureux et amicaux que le sien. Il quitta la maison en se disant : « Voilà un endroit merveilleux. J'y reviendrai souvent. »

Dans le même village, un autre chiot, qui n'était pas aussi heureux que le premier, voulut à son tour inspecter la « Maison aux Mille Miroirs ». Il grimpa pesamment les marches et, la tête basse, regarda à l'intérieur. Quand il vit mille chiens le fixer d'un air désagréable, il se mit à gronder et fut horrifié par leur hostilité. En partant, il songea : « Quel lieu horrible ! Je n'y mettrai plus jamais les pattes ».

Amma rapporte une expérience menée pour déterminer si le monde est vraiment tel que nous le percevons : les chercheurs ont demandé à un jeune homme de porter sept jours durant des lunettes déformant la vue. Les trois premiers jours, il s'est senti très nerveux et troublé par cette nouvelle perception du monde. Mais ensuite, ses yeux se sont parfaitement adaptés aux lunettes. La douleur et l'inconfort ont complètement disparu. Ce qui d'abord lui avait paru étrange et déformé lui semblait maintenant normal. « De la même façon, dit-elle, chacun de nous porte des lunettes différentes. C'est à travers elles que nous regardons le monde. »

Un homme riche a emmené son fils à la campagne dans l'intention précise de lui montrer à quel degré de pauvreté certains êtres humains sont réduits.

Ils ont passé vingt-quatre heures dans une ferme, chez des paysans très pauvres. De retour chez eux, le père a demandé à son fils :

« Comment as-tu trouvé ce petit séjour à la ferme ?

— C'était génial, papa ! a répondu le gamin avec enthousiasme.

— As-tu appris quelque chose ? a insisté le père avec empressement.

— J'ai remarqué que nous n'avons qu'un chien tandis qu'eux en ont quatre, que notre piscine va jusqu'au milieu du jardin et qu'eux disposent d'une baie immense, que nous avons quelques lampes dehors et qu'eux ont les étoiles, que notre patio ne va pas plus loin que la cour et qu'eux profitent de tout l'horizon. »

Le père est resté sans voix. Et l'enfant enthousiaste de conclure : « Merci, papa, de m'avoir montré à quel point nous sommes pauvres. »

Le garçon et son père ont les mêmes gènes, ils vivent dans la même maison, ils sont partis à la campagne ensemble où ils ont vu les mêmes choses et pourtant ils tirent de leur expérience à la ferme des conclusions diamétralement opposées.

Naturellement la réalité objective est parfois indiscutable. S'il pleut des cordes, personne n'ira dire que c'est une belle journée ensoleillée. Mais même en admettant que nous soyons capables d'acquérir une tournure d'esprit similaire et d'être d'accord sur ce que nous voyons, la physique quantique a découvert que les êtres humains ne peuvent pas vraiment être objectifs.

Le Principe d'Incertitude d'Heisenberg établit l'impossibilité de connaître simultanément la position d'une particule subatomique et la direction qu'elle emprunte. Car pour pouvoir observer la position de l'une de ces particules, il est nécessaire d'en projeter une autre contre elle, dans la plupart des cas un photon (une particule de lumière). Cependant, la collision du photon avec la particule donnée dérange sa trajectoire, exactement comme deux boules de billard qui se cognent. Ainsi, le seul fait de l'observer affecte la réalité observée.

Mécanique quantique mise à part, notre capacité à nous faire une image fidèle du monde reste tout de même sérieusement limitée. Nous avons toujours cru qu'il suffisait d'un peu de patience et d'habileté pour établir des cartes géographiques. La nouvelle technologie nous fait prendre conscience que l'univers est bien plus vaste que ce que nous pourrions jamais imaginer. Nous réalisons le manque de fiabilité de nos instruments de perception. Néanmoins, ce ne sont ni les limites de nos sens ni celles de nos appareils techniques qui empêchent l'exactitude de notre perception. Au moins aussi déformantes que ces dernières sont nos idées préconçues. En effet, nous sommes tous plus ou moins handicapés psychologiquement. Et les handicaps psychologiques peuvent être plus invalidants que les handicaps physiques. Car sur le plan physique, nous sommes clairement conscients de nos limites.

Mais si nous sommes convaincus que notre mental et notre façon de penser sont parfaits, autrement dit si nous ne sommes pas conscients de notre handicap psychologique, nous ne voyons pas nos faiblesses. Et lorsque nous sommes confrontés à des difficultés que nous avons en fait créées de toutes pièces, nous tombons des nues, et ne comprenons pas comment ces difficultés sont apparues.

Un jour, plus de sept cents étudiants passent leur examen final dans un amphithéâtre de l'université. Le professeur qui les surveille est très strict sur le respect des horaires de l'épreuve. Il prévient les participants que tous les dossiers doivent être remis sur son bureau dans deux heures exactement et qu'il n'acceptera aucun délai. Autant dire que les retardataires ne seront pas reçus à l'examen.

Une demi-heure après le début de l'épreuve, un étudiant entre nonchalamment dans l'amphithéâtre et demande tranquillement un sujet d'examen au professeur.

« Vous n'aurez jamais le temps de finir », affirme le professeur en lui tendant les feuilles.

— Je pense que si », répond paisiblement le retardataire, qui va s'asseoir et commence à rédiger en prenant tout son temps pour réfléchir.

Au bout des deux heures, le professeur demande aux étudiants de lui remettre leurs feuilles d'examen ; tous obéissent et passent en file indienne devant son bureau. Tous, sauf le retardataire qui continue à écrire. Trente minutes plus tard, cet étudiant se présente au bureau et essaie de poser son devoir sur la pile des autres.

« Pas si vite ! » l'arrête le professeur. « Je refuse le vôtre. Il est trop tard. »

D'un air indigné, l'étudiant s'exclame :

« Vous ne savez donc pas qui je suis ?

— En effet, je n'ai pas cet honneur », reconnaît le professeur sur un ton amusé. « Et pour être franc, je ne m'en soucie guère.

— Très bien ! » réplique l'étudiant, et soulevant le dessus de la pile de copies, il glisse prestement ses feuilles au milieu du tas et s'en va.

Le professeur comprend trop tard qu'il ignore le nom de cet étudiant et ne peut donc pas retrouver sa copie.

Nous aussi, nous acceptons généralement le monde apparent sans rien remettre en question. Nous voulons réussir notre carrière et gagner de l'argent sans nous arrêter une seconde pour réfléchir si cela vaut la peine de se donner tant de mal, ou s'il y a autre chose dans la vie.

Il y a des exceptions, comme ce personnage de « La Nausée » (un roman du philosophe existentialiste Jean-Paul Sartre) qui se retrouve horrifié en pensant au nombre de fois qu'il lui reste à enfiler son pantalon jusqu'à la fin de ses jours et est saisi de dégoût pour les objets et les faits les plus dérisoires de sa vie quotidienne. Il dit à l'un de ses amis : « Je pense que nous voilà, tous tant que nous sommes, à manger et à boire pour conserver notre précieuse existence et qu'il n'y a rien, rien, aucune raison d'exister. »

Les Existentialistes ont vu très justement que nous sommes piégés dans un monde de formes. Nous les recherchons, les ingérons, les analysons, commentons leurs comportements, jusqu'à ce que notre propre forme se désagrège et finisse par disparaître.

Leur lucidité leur a fait croire qu'ils voyaient ce que personne d'autre ne voyait. Mais eux-aussi sont passés à côté de quelque chose : il existe une réalité divine transcendantale dont nous pouvons faire l'expérience, par la grâce de Dieu et nos efforts sincères. Comme la personne qui compte les membres d'un groupe mais s'oublie elle-même, les Existentialistes ne sont pas allés au-delà du mental pour découvrir l'Atman. Comme la plupart des gens, ils pensaient que le mental était le sujet ultime, et que la vie sur Terre se réduisait à un ensemble de stimuli perçus par les organes des sens puis par le mental.

Il est vrai qu'en ce qui concerne le monde extérieur, le mental fait fonction de sujet. Mais le mental est lui-aussi un objet, fait remarquer le Védanta, car nous avons conscience de l'état dans lequel il se trouve : triste, heureux, confus, clair, etc. Or, tout ce dont nous pouvons avoir conscience est, par définition, un objet.

Selon le Védanta, l'Atman éclaire le mental, qui lui, éclaire les sens et le monde, un peu comme la lumière du soleil réfléchie par un miroir qui à son tour illumine un second objet.[1]

En constatant les limites du monde extérieur sans rien voir au-delà d'elles, les Existentialistes ont sombré dans le désespoir, la tristesse et même la nausée. Leur refus du monde était négatif.

Les anciens rishis ont eux-aussi déclaré *neti, neti* (pas cela, pas cela). Ils ont nié la réalité du monde en tant que *mythia* (constamment en changement, et donc illusoire au sens ultime.) Mais leur refus de croire à l'absolue réalité du monde était positif. Ils ont soutenu que tout ce qui était changeant engendrait le chagrin et le malheur, mais qu'il y avait une chose qui ne changeait jamais, c'était l'Atman ou la conscience du témoin.

C'est seulement en nous identifiant à Cela que nous pouvons être vraiment heureux et paisibles, sans nous laisser affecter par les aléas de l'existence.

Dans la *Brhadaranyaka Upanishad*, Yajnavalkya dit à Ushasta : « L'essence de l'univers tout entier est aussi ton essence. Afin de réaliser notre essence, il n'est pas nécessaire de nous rendre dans un lieu particulier. Si une vague à la surface de la Mer d'Oman veut connaître sa véritable essence, elle n'a pas besoin d'aller dans l'Océan Atlantique. Il lui suffit de quitter la surface et de plonger en profondeur pour découvrir que sa nature réelle, c'est l'eau ».

Deux personnes se trouvent de part et d'autre d'une rivière. L'une appelle l'autre : « Comment puis-je aller sur l'autre rive ? »

De la berge opposée, la personne répond : « Que voulez-vous dire ? Vous y êtes déjà ! »

---

[1] Dans son Drg Drsya Viveka, Shankaracharya l'explique ainsi : « La forme est perçue et l'œil est celui qui perçoit. L'œil est perçu et le mental est celui qui perçoit. Le mental avec ses modifications est perçu et le témoin est véritablement celui qui perçoit. Mais le témoin n'est perçu par aucun autre. »

La réalisation du Soi n'est pas un voyage à entreprendre. Il suffit de prendre conscience que nous sommes déjà ce que nous recherchons. Les Existentialistes n'ont vu qu'un aspect de la chose. La physique quantique, en voit un autre. La physique quantique postule l'existence d'un vaste océan d'énergie invisible sur lequel le monde physique ne représenterait qu'une vaguelette. Cet océan d'énergie serait le fondement et la source de la réalité physique. Les savants lui attribuent une densité énergétique telle qu'elle pourrait nous écraser mais comme cet océan est immobile, nos instruments de mesure ne peuvent pas l'enregistrer. Nous nous mouvons dans cet océan comme des poissons dans l'eau et c'est à lui que nous devons notre existence.

C'est la première fois que la science moderne donne une description de Brahman aussi proche de la réalité. Mais les scientifiques eux-aussi n'ont qu'une vision partielle du tableau. Même s'ils soupçonnent l'existence de Brahman, il ne leur est jamais venu à l'esprit que cet océan d'énergie constitue aussi leur véritable Soi. Les rishis sont les seuls à avoir offert une vision englobant les trois paramètres au sein de Brahman : le monde extérieur avec ses limites, la réalité absolue de Brahman et la nature de notre véritable Soi.

Les scientifiques affirment avec fierté qu'ils sont réalistes. Mais en fait, les seuls réalistes authentiques sont les maîtres réalisés comme Amma, qui sont capables de voir la réalité telle qu'elle est. Comme le dit la Mundaka Upanishad, « Celui qui connaît Brahman (la Pure Conscience omniprésente, omnipotente et omnisciente) devient Brahman. »

C'est la différence entre le savoir académique et la connaissance spirituelle. Lorsque nous avons étudié tout ce qu'il est possible de savoir sur les grenouilles, nous ne nous transformons pas en grenouille, sauf peut-être dans les contes de fée. Mais lorsque nous comprenons réellement la nature de Brahman, nous « devenons Brahman. » Au sujet des êtres réalisés, Amma explique : « Plutôt que de parler du sucre, ou de goûter le sucre, ils deviennent le sucre, le goût sucré. » La séparation entre l'observateur et ce qui est observé disparaît complètement ; ils deviennent une seule et même chose. »

C'est donc seulement quand nous réalisons notre véritable nature en tant que conscience omniprésente dans la création que nous sommes réellement capables d'une vision claire. Jusque-là, nous regardions à travers une fenêtre sale et embuée.

Notre vision de la réalité est nécessairement limitée par nos instruments de perception et déformée par notre propre façon de penser ; de la même façon, notre compréhension des paroles et des actions d'un maître authentique est très approximative. Là encore, les imperfections de l'observateur l'empêchent de saisir correctement ce qu'il observe. C'est dans la mesure où nous pouvons dépasser ces limites en purifiant le mental grâce à la contemplation et aux pratiques spirituelles, que nous deviendrons capables de percevoir plus clairement la pureté des intentions du guru.

La manière dont Amma dispense son enseignement et communique son savoir est très subtile. Pas de grandes déclarations, aucun étalage, aucune prétention. Tout est très naturel, spontané et empreint d'humilité. Certaines actions d'Amma semblent insignifiantes, si bien qu'il nous arrive de les sous-estimer ou de ne pas y faire attention. Mais en réalité, à chaque instant, on pourrait tirer une leçon de ses paroles et de ses gestes. En faisant preuve de vigilance et de discernement nous pouvons en saisir toute la portée.

Ainsi, Amma a récemment évoqué l'augmentation de la pollution et des problèmes environnementaux dans le monde. Parmi les différentes solutions qu'elle a préconisées, elle a cité le recyclage du plastique qui n'est pas biodégradable et reste enfoui tel quel dans le sol pendant des milliers d'années. Une Américaine qui réside à l'ashram a pris à cœur la suggestion d'Amma. Elle s'est demandée comment on pourrait réutiliser le plastique souple qui, généralement considéré comme inutile, est brûlé ou parfois employé comme remblai. Tout à coup, l'idée lui est venue qu'on pourrait le tisser afin de fabriquer quelque chose. Après de nombreux essais, elle a tissé de très jolis cabas et des espadrilles en recyclant des sacs en plastique usagés. Lorsqu'Amma a vu les premières réalisations, ses yeux ont brillé comme une maman toute fière. Elle a dit qu'elle était heureuse que ses enfants aient tant d'idées et d'ingéniosité : « Amma est très contente que ses enfants s'efforcent de transformer des déchets en trésors. Vous pouvez croire qu'il s'agit d'un geste insignifiant, mais il ouvre le cœur des gens et en incite d'autres à faire la même chose. Ceci peut amener des changements significatifs dans la société.»

Des milliers de personnes avaient entendu Amma dire qu'il faudrait recycler le plastique, mais chez la plupart des auditeurs, ces paroles étaient restées lettre morte. Seule cette femme américaine a eu la subtilité mentale de s'imprégner de la suggestion d'Amma et de passer à l'action pour produire quelque chose de concret.

Avec notre perspective limitée, il nous arrive souvent de ne pas comprendre non plus le sens des actions d'Amma. Quelque temps avant la fête d'Onam en 2007, des villageoises de certaines coopératives autogérées créées par Amma souhaitaient organiser une fête à Amritapuri. Elles avaient prévu une compétition du meilleur *pookalam* (motif traditionnel réalisé à même le sol avec des fleurs), un concours du meilleur chant folklorique, un jeu de chaises musicales et une lutte de traction à la corde. Cette fête devait avoir lieu dans l'auditorium tandis que le darshan d'Amma se déroulerait dans le temple de Kali comme c'est la coutume en semaine.

Une demi-heure avant que le programme ne commence, Amma a soudain annoncé qu'elle donnerait le darshan dans l'auditorium. Cette nouvelle a décontenancé les organisatrices de la fête car elles avaient déjà déblayé l'auditorium et tout arrangé là-bas. Maintenant qu'Amma avait décidé que le darshan aurait lieu dans l'auditorium, elles ne savaient pas quel sort serait réservé à leur fête. En apprenant la nouvelle, quelques-uns des participants ont été déçus car ils en ont conclu que leur programme allait en pâtir, voire être annulé.

Mais quand Amma est arrivée sur la scène, elle a immédiatement donné des instructions pour arranger les chaises afin qu'un maximum de visiteurs puissent regarder le spectacle. Elle a aussi invité tous les résidents de l'ashram, y compris les étudiants, à assister au programme. Plus tard, en apprenant que les organisatrices voulaient désigner comme jury du concours des invités de marque venus d'autres régions de l'Inde ou même de l'étranger, elle a expliqué qu'il valait mieux que les membres du jury soient uniquement de la région, car ils seraient plus en mesure d'apprécier pleinement l'art traditionnel et les célébrations d'Onam, typiques du Kérala. Amma a proposé ces éclaircissements et conseils tout en donnant le darshan. Les dames qui composaient les motifs de fleurs n'auraient jamais imaginé qu'Amma viendrait voir toutes leurs créations. Mais les pookalams ont été placés au centre de l'auditorium si bien qu'Amma pouvait les voir de là où elle était assise. Le reste du programme a été arrangé de façon à pouvoir être suivi à la fois par Amma et par les spectateurs assis dans le hall. Les participants du concours étaient très heureux d'avoir la chance de montrer leur spectacle à Amma.

Après l'annonce des vainqueurs du concours de pookalam, Amma a parlé au micro : « Ceux qui n'ont pas gagné de prix ne doivent pas se décourager. Vous avez tous travaillé avec dévotion, en chantant votre mantra, et Dieu a accepté toutes vos offrandes. »

Les participants et certains des organisateurs de la fête avaient pensé que la décision d'Amma de tout changer à la dernière minute allait gâcher le programme de la journée, mais il leur manquait une vision globale de la situation. En fait, si Amma avait donné le darshan dans le temple, il y aurait eu environ deux cents spectateurs, surtout des amis et des gens de la famille. Mais dans l'auditorium, des milliers de personnes venues du monde entier ont pu profiter de leur spectacle. En plus, Amma elle-même a pu assister à l'événement. Si elle n'avait pas déplacé le darshan dans l'auditorium, le programme d'Onam n'aurait été rien d'autre qu'une commémoration ordinaire. Mais en présence d'Amma, il s'est transformé en une célébration authentique, et tous les participants sont rentrés chez eux le cœur en fête.

Il y a quelques années, un dévot qui voyage souvent avec Amma a chanté un bhajan pendant qu'elle donnait le darshan. C'était la première fois qu'il chantait devant Amma. Il chantait passablement faux et ne respectait pas non plus vraiment le rythme de la mélodie. Ce soir-là, à la fin du darshan, le chanteur débutant a accompagné Amma tandis qu'elle rentrait chez elle. Les autres membres du Tour le connaissant bien, le taquinaient gentiment à propos de sa performance plutôt ratée. Chaque camarade, à tour de rôle, soulignait un défaut différent. Tout à coup Amma s'est retournée et a déclaré : « Même si personne parmi vous n'a aimé son chant, Dieu l'a accepté. » En entendant cela, tout le monde s'est tu.

Là où d'autres n'avaient écouté le bhajan qu'à un niveau superficiel et n'avaient entendu que les imperfections, Amma avait senti l'innocence du cœur de ce dévot. Elle dit que c'est justement cette innocence qui nous manque le plus. « Lorsque nous voyons un arc-en-ciel ou les vagues de l'océan, ressentons-nous encore la joie innocente de l'enfant ? L'adulte qui considère l'arc-en-ciel comme un ensemble d'ondes lumineuses ne connaît

pas la jubilation et l'émerveillement de l'enfant qui contemple le ciel ou la mer. »

L'année dernière, à la fin du programme de trois jours à Munich, le Dévi Bhava était terminé et Amma se frayait un passage à travers la foule de ses enfants, quand elle a découvert un bouquet de ballons en forme de cœur qui l'attendait près de sa voiture. Ces ballons qui avaient servi à décorer le hall étaient maintenant captifs dans la main d'hommes, de femmes et d'enfants qui espéraient voir, encore une dernière fois, leur mère bien-aimée.

Amma avait donné le darshan sans s'arrêter pendant de longues heures et pourtant elle n'est pas montée tout de suite en voiture. Apparemment enchantée par le spectacle qu'offraient les ballons en forme de cœur, elle restait devant la portière. Les ballons étaient gonflés à l'hélium, et une dévote lui a montré que si on les lâchait, ils s'envoleraient, non pas à cinq ou dix mètres du sol, mais très haut dans le ciel, bien plus haut que la cime des arbres et plus haut que les bâtiments les plus élevés de la ville. À cette vue, Amma s'est transformée en une petite fille ravie, applaudissant et criant de joie.

Elle a pris les ballons des mains des dévots qui l'entouraient, puis les a laissés s'envoler un par un et ensuite par deux, par trois, par cinq ou dix. Quelle scène merveilleuse que cette envolée de cœurs qui montait au firmament ! Et plus merveilleuse encore, la réaction d'Amma à ce spectacle, son allégresse totale. « L'innocence enfantine au plus profond de vous-même, c'est Dieu », affirme t-elle. Pour Amma, tout est nouveau, et même les choses apparemment insignifiantes révèlent le prodige de la création divine.

Ainsi, elle semblait complètement fascinée par le tableau des cœurs rouge vif dans la lumière du ciel bleu. La tête renversée en arrière, elle les a suivis du regard un long moment.

Tandis que les dévots se dispersaient progressivement, un dernier ballon pas assez gonflé pour s'envoler au loin, est resté au sol. Il portait cette inscription en allemand : « Moegen eure herzen erbluehen ! » (Puisse votre cœur s'épanouir !) Ce dernier ballon semblait laisser un message aux dévots : quand notre cœur s'épanouit avec l'innocence d'un enfant, nous devenons véritablement capables de nous élever et de réaliser le Soi.

# Chapitre 16

# Comment Amma Voit le Monde

*« Vous qui demandez ' Qui est Dieu ? ', vous êtes Dieu. Le vent, la mer, le rugissement du lion, le chant du coucou, pour moi tout est Dieu. »*

–Amma

**M**ême si nous avons lu de nombreuses histoires concernant les maîtres spirituels, il se peut que nous nous posions la question : « À quoi ressemble un maître dans la vie de tous les jours ? Si nous en voyons un, qu'est-ce qui nous permet de le reconnaître en toute certitude ? »

Dans la *Bhagavad Gita* (2.54), Arjuna pose cette même question à Krishna :

*sthitaprajñasya kā bhāṣā samādhisthasya keśava
sthitadhīḥ kiṁ prabhāṣeta kiṁ āsīta vrajeta kim*

Quelles sont les caractéristiques, ô Seigneur, d'un homme établi dans la sagesse et qui s'est fondu dans la Conscience suprême ? Quelle est sa façon de parler, de s'asseoir, de marcher ?

Arjuna aussi attend une description physique du maître authentique. Mais Sri Krishna montre bien que ce n'est pas l'apparence physique qui est décisive. L'être spirituel ne porte pas de tache de

179

naissance permettant de l'identifier. C'est plutôt à son comportement que nous reconnaissons un maître.

Dans les versets suivants, Krishna énumère en détail les principales caractéristiques du *jnani* (celui qui est établi dans le Soi). Il explique que le jnani se suffit complètement à lui-même. Satisfait dans le Soi et par le Soi, il renonce à tous les désirs et les attachements. Libéré du désir, de la peur et de la colère, il ne se laisse pas troubler dans l'adversité. Il n'est ni particulièrement heureux quand la chance lui sourit, ni particulièrement malheureux quand la chance lui tourne le dos. Ceux qui connaissent Amma savent que cette définition lui correspond parfaitement.

Maintenant que nous savons à quoi ressemble un maître authentique, cela vaudrait la peine de demander pourquoi le maître est ce qu'il est. Ce n'est pas parce qu'il possèderait quelque chose qui nous manque, ni parce qu'il existerait sur un autre plan que nous. En effet, plus que son allure extérieure, c'est sa façon de regarder le monde qui fait toute la différence.

Finalement Krishna dit (2.69) :

*yā niśā sarvabhūtānām tasyām jāgarti samyamī*
*yasyām jāgrati bhūtāni sā niśā paśyato muneḥ*

Ce qui semble la nuit à tous les êtres est le jour pour le jnani,
Ce qui semble le jour à tous les êtres est la nuit pour le jnani.

Cela ne signifie pas que le vrai maître reste debout toute la nuit, bien que dans le cas d'Amma, cela soit vrai. Pour Krishna, la nuit représente la dualité, et le jour, la non-dualité. Aussi, ce qui est irréel pour tous les êtres, la non-dualité, est réel pour le jnani, et ce qui est réel pour tous les êtres, la dualité, est irréel pour le jnani. Là où nous voyons un monde de différences et de divisions, le maître véritable ne voit que Brahman, le substrat indivisible de toute la création.

Imaginez qu'il fasse extrêmement chaud. Cela fait huit heures que vous travaillez dans un bureau sans ventilateur ni air conditionné. Vous n'avez pas fait de pause et il semble que vous en ayez encore pour au moins huit bonnes heures de travail. Vous n'avez pas dormi depuis trente heures et en fait, la dernière fois que vous vous êtes allongé, cela n'a duré qu'une demi-heure. Vous n'avez rien mangé de la journée. Et la dernière fois que vous avez avalé quelque chose, ce n'était que quelques bouchées. Une partie de votre travail consiste à écouter les gens vous confier leurs problèmes. Vos interlocuteurs comptent sur vous pour résoudre toutes leurs difficultés. Vous savez que ce sera la même chose demain, le surlendemain, et les jours suivants, jusqu'à la fin de votre vie. Mais un sourire éclaire continuellement votre visage. Vous parlez à chacun avec autant d'amour et d'attention que si vous vous adressiez à votre propre enfant. Vous rayonnez de paix, d'amour, de bonheur et de beauté.

Voilà à quoi ressemblent les journées d'Amma. Quand les journalistes lui demandent : « Quel est votre secret ? Comment réussissez-vous à garder un tel rythme, jour après jour, sans jamais vous fatiguer ? », elle répond : « Je ne suis pas comme une pile qui se décharge après avoir été utilisée un certain temps. Je suis directement reliée à la source éternelle de l'énergie. »

« D'accord », poursuivent généralement les journalistes à ce moment-là de l'interview, « mais alors, pourquoi choisissez-vous de faire ce que vous faites ? Si j'étais tout-puissant, je pense que je ne passerais pas ma vie à écouter les problèmes des gens. Est-ce que vous ne trouvez pas ça pénible ?

— Pour une baby-sitter, explique Amma, c'est dur de garder les enfants. Mais pour une mère, ce n'est ni fatigant, ni ennuyeux. »

L'Advaita Védanta, la philosophie spirituelle la plus ésotérique de l'Inde, enseigne que dans l'absolu, ce monde n'est pas réel. Et du sommet de sa réalisation, un mahatma comme Amma pourrait choisir de le regarder de cette façon, d'envisager tous les événements du monde comme de simples mirages. Lorsqu'il s'agit d'elle, de ses besoins de nourriture et de repos ou de la douleur physique qu'elle ressent, c'est exactement ainsi qu'Amma voit les choses : elle considère tout comme irréel, comme une illusion. Mais si ses enfants ont du chagrin, s'ils souffrent, s'ils ont besoin de quelque chose, Amma ne leur parle pas de cette philosophie. Elle descend à leur niveau, les serre dans ses bras, sèche leurs larmes, leur offre amour et compassion.

Bien qu'Amma soit établie dans la réalité absolue, elle ne rejette pas nos besoins et nos désirs sincères en disant qu'ils ne sont qu'illusion. « Quand quelqu'un souffre d'une terrible migraine, à quoi sert de lui répéter "tu n'es pas le corps, ni le mental ni l'intellect, tu es au-delà de tout cela." Comment cela pourrait-il soulager sa migraine ? Nous devons faire tout notre possible pour alléger sa douleur ou l'emmener chez un médecin. »

Quand les gens viennent à Amma pour lui confier leurs ennuis, Amma fait tout ce qu'elle peut pour leur trouver des solutions. Chacune de ses œuvres caritatives est une réponse aux larmes de ses enfants. Et elle ne se contente pas de donner aux gens ce qu'ils demandent. Au moment du tsunami, les villageois de la côte sont venus voir Amma pour qu'elle leur procure de la nourriture et un toit. Non seulement elle leur a donné à manger trois fois par jour et un logement, mais en plus, elle les a aidés à s'assumer économiquement. Après avoir enduré un tel désastre, ces pauvres gens n'imaginaient pas pouvoir devenir autonomes financièrement. En fin de compte, Amma a contribué à faire évoluer toute l'économie des villages, et la plupart des habitants sont maintenant plus à l'aise qu'avant la catastrophe.

Pendant le Tour du Nord de l'Inde en 2004, un programme a été organisé un soir dans une ville du Nord-ouest. Habituellement, Amma arrive sur le lieu du programme au moment où le soleil se couche, et elle donne le darshan toute la nuit, finissant parfois après le lever du soleil. Á cet endroit précis, très peu de gens avaient rencontré Amma auparavant si bien qu'il ne s'agissait pas vraiment de « dévots. » Même la personne chez qui Amma logeait ne l'avait jamais vue. C'est là qu'une cinquantaine d'amis de notre hôte se sont imposés dans l'intention d'avoir un darshan privé impromptu avant qu'Amma ne se rende au programme.

Amma était dans une chambre au second étage et ces visiteurs faisaient le siège dans les escaliers pour être bien certains qu'elle ne partirait pas sans les bénir.

Le temps passait et ils commençaient à s'énerver un peu. Ils n'appréciaient pas d'avoir à attendre si longtemps. Ils croyaient qu'Amma allait essayer de sortir incognito sans les voir. Ils ont proclamé que d'une façon ou d'une autre, ils ne repartiraient pas sans avoir obtenu le darshan d'Amma.

Quand ils ont entendu qu'Amma était sur le point de quitter la pièce, ils ont refusé de lui faire de la place, ne serait-ce que pour la laisser descendre. Impossible de les faire bouger d'un centimètre. Les swamis redoutaient que la foule indisciplinée ne blesse Amma au passage.

Lorsqu'Amma est sortie de sa chambre, les gens sont devenus comme fous. C'était la pagaille : tout le monde poussait en même temps pour s'approcher d'elle. Mais elle a gardé le sourire et ne s'est pas esquivée. Elle a traversé le groupe en plaquant littéralement les gens contre elle au fur et à mesure qu'elle avançait.

Dix minutes plus tard, elle était dans la voiture, en route vers le hall où elle allait donner le darshan à des milliers de personnes toute la nuit. Naturellement, elle était saine et sauve. Tandis que la voiture roulait, quelqu'un a évoqué la manière grossière dont ces gens venaient de se comporter. Les personnes qui accompagnaient Amma, y compris les swamis, étaient très fâchés. Ils n'en revenaient pas d'avoir vu tant d'égoïsme, de laideur, d'impatience et de gestes frisant la violence physique.

Qu'a dit Amma de cet incident ? Comment avait-elle vécu tout cela ?

« C'est de l'amour. » De la banquette arrière où elle était assise, voilà le résumé qu'a fait Amma de la situation. Nous avions vu une émeute. Elle avait vu de l'Amour. Amma ne voit jamais que de l'Amour. En observant Amma, nous nous rendons bien compte que dans chaque situation, chaque domaine de la vie, elle voit des choses qui nous échappent.

Plus tard durant le même Tour du Nord, à Jaipur, une ville du Rajasthan, Amma s'est rendue chez le gouverneur. Suivant l'exemple d'Amma, cet homme aidait matériellement chaque semaine les démunis et les exclus du Rajasthan. Il a invité Amma dans sa demeure afin qu'elle puisse étendre son amour aux pauvres qui se rassemblaient là chaque semaine dans l'espoir de recevoir un soutien financier.

Parmi les nombreuses personnes à qui Amma a donné le darshan à cet endroit, se trouvait un petit garçon de sept ans qui avait eu le corps partiellement brûlé après qu'on ait intentionnellement mis le feu à la hutte de ses parents lors d'une dispute à propos des terres. Il n'avait plus d'yeux, ni d'oreilles et seulement un trou de la taille d'un bouton à la place du nez. Il était si défiguré que tout le monde en avait les larmes aux yeux. Mais quant à l'embrasser, qui l'aurait fait ? Qui aurait déposé, comme sur une fleur délicate, un baiser sur sa joue fondue ? C'est un geste que seuls les mahatmas comme Amma peuvent faire, eux qui considèrent tous les êtres comme leur propre Soi. C'est seulement lorsque nous voyons et aimons tous les autres comme étant nous-mêmes que nous sommes débarrassés de l'aversion ou de la répulsion.

Le *Purusha Suktam* (1) affirme :

*sahasra śīrṣā puruṣaḥ*
*sahasra-akṣaḥ sahasrapāt*

Des milliers de têtes a l'Être Cosmique.
Des milliers d'yeux, et des milliers de jambes.

Une année, pendant le Tour du Nord, Amma s'est arrêtée au bord d'une rivière pour se baigner avec tous ses enfants. Tandis qu'elle savonnait le visage de chacun, on a subitement entendu des cris : emportées par le courant, deux brahmacharinis se débattaient dans l'eau ; paniquées, elles se cramponnaient l'une à l'autre, et s'enfonçaient réciproquement. Un dévot occidental a plongé et réussi, avec beaucoup de mal, à les faire remonter à la surface et à les ramener sur la rive. Amma a demandé à tout le monde de sortir de l'eau immédiatement. Nous avons tous obéi, et elle est restée sur la berge, l'air inquiet. Nous lui assurions que plus personne n'était dans la rivière, mais elle répétait avec insistance : « Un de mes enfants est encore dans l'eau ! » Pourtant aucun nageur n'émergeait des profondeurs. Après avoir compté les présents, il est devenu incontestable que tous ceux qui suivaient le Tour ce jour-là étaient bien sortis de l'eau. Finalement, Amma s'est approchée d'une Occidentale, dévote de longue date, pour lui dire : « Fais très attention. » La dame ne savait pas nager et s'est inquiétée de cet avertissement. Ce soir-là, elle a noté les paroles d'Amma dans son journal.

Quelques jours plus tard, cette femme a téléphoné à son père qui était rentré de ses vacances aux Antilles. Il lui a raconté que pendant son séjour là-bas, il avait frôlé la mort. Il nageait dans la Mer des Caraïbes, quand soudain, un courant l'avait emporté au large. Une lame de fond l'avait entraîné sous l'eau et il avait désespérément appelé son ami au secours. Mais celui-ci n'avait

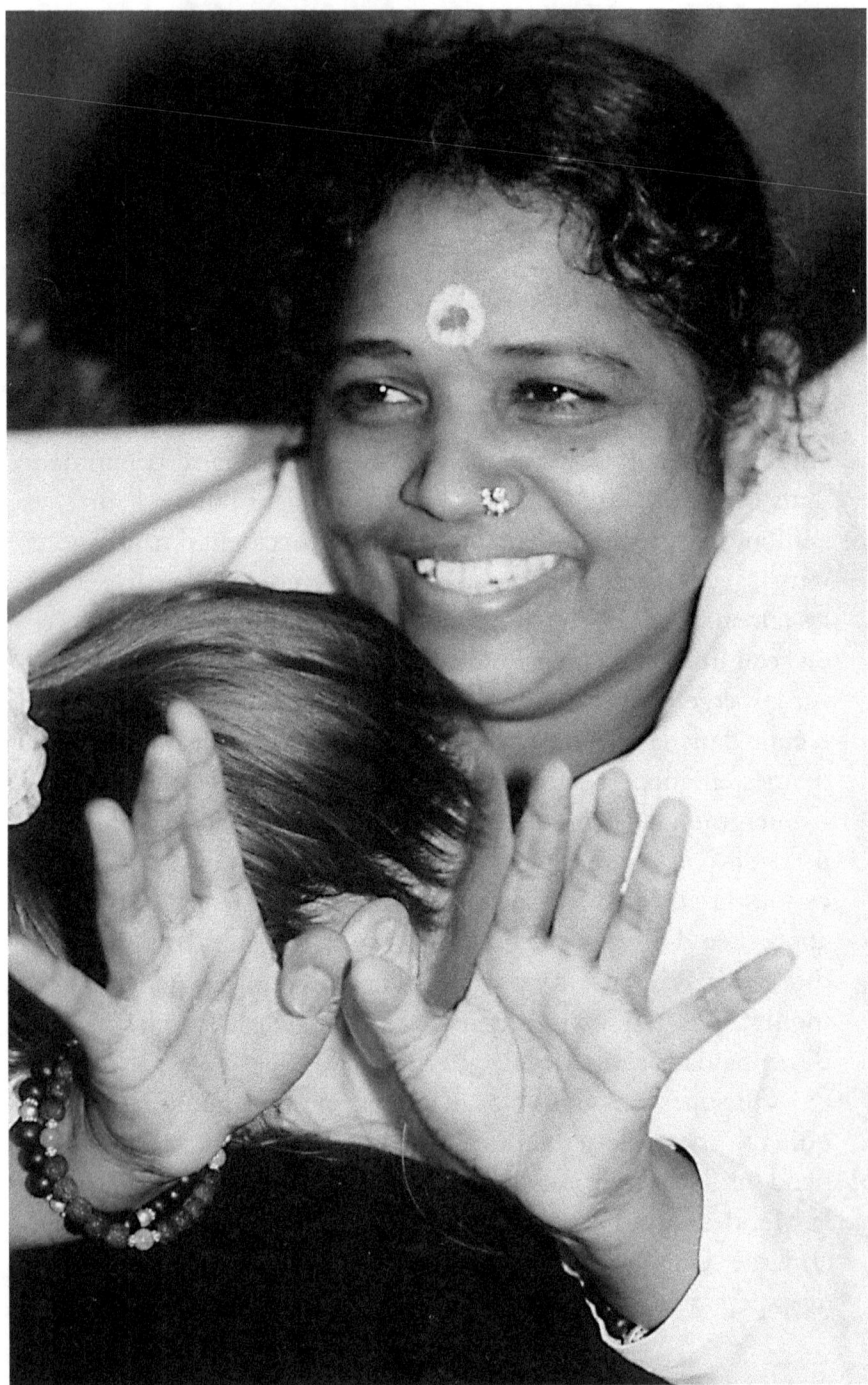

rien pu faire. Comprenant que sa dernière heure était arrivée, il avait prié Amma, cessé de se débattre et s'était abandonné à son sort. À son grand étonnement, les vagues l'avaient simplement transporté jusqu'au rivage et déposé sur la plage.

En faisant le rapprochement entre l'accident de son père et l'incident à la rivière en Inde, la dévote a constaté que les deux événements s'étaient déroulés simultanément et elle a compris qu'Amma pensait à son père quand elle disait : « Un de mes enfants est encore dans l'eau. »

Une équipe de reporters du journal télévisé est venue à l'ashram. Ils voulaient interviewer un des résidents qui les aidait durant leur visite. Au cours de l'entretien, ce résident a affirmé qu'avant de connaître Amma, son objectif prioritaire était d'accroître son propre confort et son bonheur personnel, mais que dorénavant, inspiré par l'exemple d'Amma, il voulait seulement servir le monde. Quand l'équipe de télévision a quitté l'ashram, le jeune homme a précisé à Amma que ce n'était pas lui qui avait voulu se donner de l'importance en se faisant filmer, mais que c'était le journaliste qui l'interrogeait qui l'avait poussé devant la caméra. Amma était au courant de ce qu'il avait dit pendant son interview et elle a répliqué : « Si tu avais réellement offert ta vie au monde, alors il n'y aurait plus une trace d'ego en toi. Cela ne changerait rien que tu sois devant ou derrière la caméra. » L'impeccable logique d'Amma a laissé le garçon bouche bée. Mais Amma n'en avait pas terminé avec lui. Elle a ajouté : « De toutes façons, il y a une autre caméra qui te regarde sans cesse. »

Ceci me rappelle une autre anecdote qui remonte au tout début de l'ashram. À l'un des nouveaux résidents qui lui racontait les difficultés qu'il rencontrait, Amma a dit pour le consoler : « Ne t'en fais pas, mon fils. Amma est toujours avec toi.

— Je le sais bien », a t-il répondu en plaisantant. « Et c'est bien ce qui m'inquiète le plus ! »

Nous savons depuis belle lurette que nous ne pouvons rien cacher à Amma. Un jour, un dévot lui a offert un sac de biscuits. Sans ouvrir le sac, Amma a appelé un des résidents et lui a dit : « Fils, mets ces biscuits de côté ; nous les partagerons ce soir. » Le jeune homme a pris le sac et il est rentré dans sa hutte. Là, il a ouvert le sac et trouvé cinq paquets de biscuits. Il en a pris un qu'il a caché entre les palmes tressées du toit. Dans la soirée, Amma a demandé que les biscuits soient distribués comme prasad. Le jeune homme a apporté le sac d'où manquait un paquet. « Fils, il n'y a que quatre paquets. Où est le cinquième ? »

Le garçon n'a rien répondu. Il est seulement resté figé sur place comme un chevreuil pris dans la lumière des phares. Amma s'est levée, s'est dirigée vers la hutte tout droit à la cachette du toit d'où elle a retiré le paquet qui manquait. Ensuite, elle a raconté toute l'histoire pendant le dîner, en expliquant qu'elle avait confié le sac de biscuits au jeune homme afin de tester sa capacité à partager. Il avait échoué à ce test mais il avait compris la leçon : à partir de ce jour-là, il n'a plus jamais pris quelque chose qui ne lui appartenait pas.

Il y a plusieurs années, un dévot et sa fille, alors adolescente, étaient en route pour l'ashram d'Amma en Inde. En fait, ils se trouvaient en avion quelque part entre Singapour et Trivandrum. Ils avaient prévu à l'aéroport de Trivandrum de prendre un taxi qui, en trois heures le long de la côte occidentale de l'Inde, les transporterait jusqu'à Amritapuri. Ils venaient de terminer leur repas dans l'avion et l'hôtesse de l'air les débarrassait de leurs plateaux. Tout d'un coup, entré dans une zone de turbulences terribles, l'avion a subi de violentes secousses dans tous les sens.

Puis le dévot a senti son estomac se décrocher quand l'appareil s'est mis à perdre brutalement de l'altitude. L'avion n'a pas plongé, il est simplement tombé à la verticale, de 9000 à 6000 mètres en moins d'une minute. Ensuite, tout est redevenu normal, mais pas pour longtemps : juste le temps pour les passagers d'échanger un regard et de pousser un soupir de soulagement. C'est à ce moment-là que l'avion a plongé pour de bon.

Les masques à oxygène sont tombés devant les passagers, mais personne n'a cherché à les mettre. Le dévot et sa fille se sont tournés vers l'hôtesse de l'air, espérant trouver un regard réconfortant, mais elle était la panique personnifiée. Alors, les enfants d'Amma se sont mis à prier.

Une sorte de paix les a envahis. La fille du dévot s'est souvenue par la suite qu'en regardant par le hublot elle avait vu le bleu profond de la mer se rapprocher à toute vitesse et qu'elle n'avait pas eu peur.

Finalement, à 3000 mètres au-dessus de l'eau, l'avion s'est redressé. Quelques minutes plus tard, le pilote annonçait tranquillement dans les haut-parleurs : « Tout va bien se passer. Nous vous prions de rester à votre place … et de ne pas tenter de sauter de l'avion. » Le dévot et sa fille n'ont jamais su pourquoi l'engin s'était mis à descendre en piqué ni comment ils avaient réussi à s'en sortir. Leur voyage s'est terminé sans autre incident et l'atterrissage a eu lieu sans problème.

Quand ils sont arrivés à l'ashram, ils sont passés au darshan et ont raconté à Amma leur aventure. Amma n'a rien dit. Elle les a simplement gardés dans ses bras sensiblement plus longtemps. Plus tard, l'intendante d'Amma a rapporté au dévot qu'Amma s'était montrée d'humeur très distraite avant de descendre pour le darshan ce matin-là. Elle s'était balancée d'avant en arrière en murmurant : « Ça secoue tellement, ça secoue tellement… ! » Et elle avait prononcé le nom du dévot.

Même au niveau de la réalité objective, Amma voit des choses qui nous échappent. Lors de son premier Tour du Monde, le soir où Amma est arrivée à Santa Fe, elle n'a pas dormi de la nuit. Au matin, elle a expliqué que de nombreux êtres subtils à l'apparence bizarre étaient venus la voir pour recevoir sa bénédiction. Quand on lui a demandé à quoi ils ressemblaient, elle a décrit des êtres qui avaient un torse d'animal et des jambes humaines.

Il se trouvait que dans l'une des pièces de la maison où Amma logeait, il y avait des figurines correspondant exactement à cette description. Les propriétaires de la villa les considéraient comme des objets décoratifs, mais il s'agissait en fait de diverses représentations des *kachinas*, divinités vénérées par les tribus indiennes locales. En entendant les paroles d'Amma, nos hôtes ont compris que ces kachinas n'étaient pas seulement ce que les gens croient, c'est-à-dire des statuettes décoratives, mais des êtres subtils existant vraiment et qui peuvent être vus par ceux qui sont dotés d'une perception affinée.

Amma a aussi fait preuve d'une profonde compréhension intuitive concernant la tradition spirituelle de l'Inde. Par exemple, bien que depuis des siècles on interdise aux femmes d'accomplir les cérémonies dans les temples, Amma a conçu elle-même un nouveau lieu de culte et en a inauguré dix-huit au cours des vingt dernières années. Quelques brahmacharinis, parmi lesquelles des Occidentales qui n'ont ordinairement même pas le droit d'entrer dans le Saint des saints, ont appris à exécuter ces rites traditionnels dans les temples. À la fin de leur formation, Amma a envoyé ces brahmacharinis dans ses divers ashrams. Alors, des gens ont demandé à Amma sur quels textes elle pouvait s'appuyer pour justifier de telles décisions. Elle a répliqué que l'autorité des Écritures vient des paroles des mahatmas, et que par conséquent, ces mêmes mahatmas ont toute l'autorité voulue pour effectuer les modifications nécessaires au cours des siècles, en fonction des besoins de l'époque et du lieu.

Dans la *Bhagavad Gita* (2.46), le Seigneur Krishna dit :

*yāvān artha udapāne sarvataḥ saṁplutodake*
*tāvān sarveṣu vedeṣu brāhmaṇasya vijānataḥ*

Pour l'être réalisé, les Védas sont aussi inutiles qu'un réservoir d'eau en période d'inondation.

Ce qui ne veut pas dire que les maîtres authentiques refusent de suivre ou de respecter les textes sacrés ; mais ils n'ont pas besoin des Écritures pour les guider. Ils ont déjà atteint la Connaissance Suprême décrite dans les textes.

Grâce à sa vision universelle, Amma peut facilement discerner la vérité commune aux diverses traditions religieuses du monde par-delà leurs différences superficielles. C'est pourquoi elle ne nous demande jamais de renier notre religion d'origine mais plutôt d'approfondir notre foi afin d'en découvrir les principes essentiels et d'y conformer notre vie.

Lors d'une des tournées d'Amma en Amérique, les participants ont monté un spectacle associant divers chants et danses issus des grandes religions. Mais la personne qui devait représenter une des traditions est tombée malade. Personne n'avait remarqué son absence, mais vers la fin de la représentation, Amma a indiqué qu'une religion importante avait été oubliée. Tout en donnant le darshan, elle a collaboré elle-aussi au spectacle en interprétant un chant dévotionnel appartenant à la tradition omise, complétant ainsi l'assortiment des religions.

Il y a plus de dix ans, avant que le réchauffement de la planète et l'aggravation du déséquilibre des rythmes naturels n'occupent une place centrale dans la conscience du public, l'intuition profonde d'Amma concernant Mère Nature lui faisait lancer un avertissement à l'humanité pour que les comportements actuels changent. « Maintenant il ne pleut plus quand la pluie est censée tomber. S'il pleut, la pluie est insuffisante ou trop abondante, elle tombe trop tôt ou trop tard. C'est la même chose avec le soleil. De nos jours, les êtres humains essaient d'exploiter la Nature. C'est pourquoi il y a des inondations, des sécheresses, des tremblements de terre et tant de destruction. »

Elle a révélé l'origine cachée du manque d'harmonie croissant de la Nature en faisant remarquer que les nuages noirs de l'égoïsme, de la haine et de la colère qui obscurcissent le cœur des humains sont plus nuisibles que la fumée noire des usines. Elle a assuré que les pensées et les paroles des hommes avaient un impact direct sur la Nature, tout aussi important que leurs actions. « La qualité de la vie s'est énormément dégradée. Beaucoup de gens ont perdu la foi. Ils ne ressentent plus ni amour ni compassion et l'esprit d'équipe qui permet de travailler ensemble, main dans la main, pour le bien de tous, a disparu. Cela aura des répercussions négatives sur la Nature. Celle-ci va retirer toutes ses bénédictions et se retourner contre l'humanité. La réaction de la Nature sera au-delà de tout ce qu'on peut imaginer si l'humanité continue sur cette lancée. »

Et aujourd'hui, Amma dit que la Nature est encore très mécontente. Nos ennuis sont loin d'être terminés. Elle prédit que sans un changement radical du comportement et de l'attitude des êtres humains, les catastrophes naturelles continueront à s'abattre sur nous. Amma demande souvent à tous ses dévots de prier pour que la brise douce et rafraîchissante de la grâce divine chasse les nuages noirs de la colère, de la haine et de la négativité du cœur des êtres humains.

Elle a suggéré tout un ensemble de mesures pratiques à adopter, qui vont de la plantation d'arbres au co-voiturage, en passant par l'économie de l'eau et du papier au recyclage du plastique… mesures qui sont d'ores et déjà mises en œuvre par ses dévots partout dans le monde. Ces choix peuvent avoir un impact extrêmement positif sur la Nature et permettre à la planète de retrouver son harmonie originelle et son équilibre naturel.

Au Pays Tamoul, il y a un temple ancien à Chidambaram qui rend compte de l'ampleur de la vision du Sanatana Dharma. Dans ce temple, au lieu d'avoir le darshan du Seigneur en contemplant une idole, on entre littéralement à l'intérieur de Dieu : il y a un endroit, un espace vide, *akasha linga*, qui est considéré comme la manifestation de Dieu. Ainsi, entrer dans cette pièce, c'est entrer en Dieu, Le traverser, Le respirer, et sentir Son mystère qui est à la fois à l'intérieur et à l'extérieur de nous. Le temple offre une représentation matérielle de l'omniprésence divine.

Amma est née pleinement consciente de cette omniprésence, en voyant clairement comment tout, à l'intérieur et à l'extérieur, était saturé de la présence de Dieu, comment à l'intérieur et à l'extérieur, il n'y avait rien d'autre qu'une seule et unique conscience divine imprégnant tout.

Ce n'est pas qu'Amma ne fasse pas la différence entre les plantes, les animaux, les arbres, les rivières, les étoiles et les gens qui passent dans ses bras. Elle voit tout cela exactement comme vous et moi, mais en même temps elle perçoit que toutes ces choses apparemment distinctes sont en fait une seule et unique chose, et que les particules subatomiques de toutes ces formes sont Dieu et seulement Dieu.

Voilà le secret de l'immense compassion d'Amma. Sa compassion est infinie car, pour elle, le sens du Soi n'a pas de limite. Il est omniprésent, comme l'espace. Dans le mental d'Amma, il n'y a pas de ligne marquant là où elle finirait et là où nous commencerions.

Sa vision, c'est celle de la non-dualité. Alors, quand elle se trouve en face d'une personne qui souffre, elle cherche immédiatement à la réconforter. Pourquoi ? Parce qu'elle ne considère pas cette personne comme séparée d'elle. Si elle croise un sans-abri, elle va lui donner un toit. Si elle rencontre un jeune qui n'a pas les moyens de payer ses études, elle va chercher à financer son éducation. Si elle aperçoit un affamé, elle a envie de le nourrir. Si elle voit quelqu'un sans amour, elle va l'aimer. Pour elle, l'impulsion d'aider autrui est aussi naturelle que celle de sécher ses propres larmes. À ses yeux la différence n'existe pas. Voilà pourquoi les maîtres authentiques comme Amma servent le monde. Elle-même affirme que les maîtres vivent pour leurs disciples et leurs dévots. Parce qu'ils voient chacun et chaque chose comme eux-mêmes, ils répandent sans cesse leur amour et leur compassion sur l'univers entier.

L'été dernier, au cours d'une séance « questions-réponses », pendant une retraite, un dévot lui a innocemment demandé :

« Je n'ai jamais vu des yeux comme les tiens. On dirait qu'ils contiennent tout l'univers. As-tu déjà remarqué comme ils sont particuliers ? »

La réponse d'Amma a été brève, gentille et très profonde : « Je vois mes yeux avec les tiens. Je me vois par toi. »

Nous ne pourrons jamais voir le monde avec les yeux d'Amma. Mais il est évident que partout où elle regarde, elle voit des choses que nous ne voyons pas. Elle plonge plus profondément que nous dans le cœur des gens, dans les situations et les difficultés que nous rencontrons. Elle voit des êtres qui sont pour nous invisibles et des événements qui se déroulent de l'autre côté de la planète. Elle voit, au-delà des dogmes, le cœur unique des religions du monde, et au-delà des différences culturelles, elle voit les humains comme une famille universelle. Elle voit la vérité qui se cache derrière les mensonges, elle voit les motifs cachés, elle voit la pureté. Elle voit les actions et les pensées de ses dévots et de ses disciples et elle voit, au-delà de la laideur, la beauté des cœurs innocents. Où qu'elle pose son regard, elle ne voit que Dieu. Elle ne voit rien d'autre que le Soi partout. Il en est ainsi comme il en a toujours été, et comme il en sera toujours.

# Glossaire

**Advaita** : Traduction littérale, « pas deux. » Fait référence au non-dualisme qui est le principe fondamental du Védanta, la philosophie spirituelle ultime du Sanatana Dharma.

**Amrita Kuteeram** : Projet du Mata Amritanandamayi Math qui a pour but de fournir des logements gratuits aux familles très pauvres. À ce jour, plus de quarante mille maisons ont été construites et allouées dans toute l'Inde.

**Amrita Vidyalayam** : Écoles maternelles primaires et secondaires créées et gérées par le Mata Amritanandamayi Math et qui prodiguent une éducation reposant sur les valeurs humaines et spirituelles. Aujourd'hui, il existe 53 écoles Amrita Vidyalayam réparties dans toute l'Inde.

**Ananda** : Béatitude.

**Archana** : Rituel.

**Atman** : le Soi, ou Conscience.

**AUM** : (aussi « OM ») Selon les Écritures védiques, c'est le son primordial de l'univers et la semence de la création. Tous les autres sons naissent du Om et meurent en Om.

**Bhajan** : chant dévotionnel.

**Brahmachari (-ni)** : Étudiant(e) célibataire qui pratique une discipline spirituelle auprès d'un maître.

**Brahman** : La Vérité Ultime au-delà de tout attribut. Le substrat omniscient, omniprésent et omnipotent de l'univers.

**Darshan** : La rencontre d'un saint ou la vision du divin. Amma donne son darshan en prenant les gens dans ses bras.

**Dévi Bhava** : « Aspect ou attitude, caractéristiques divines de Dévi ». L'état dans lequel Amma révèle son unité et son identité avec la Mère Divine.

**Dharma** : En sanscrit, dharma signifie « ce qui soutient (la création) ». Plus communément, ce terme fait référence à

195

l'harmonie de l'univers. D'autres sens sont possibles : la droiture, le devoir, la responsabilité.

**Gopi** : Les gopis étaient des vachères qui vivaient à Vrindavan, le village où Krishna a passé son enfance. Ardentes dévotes de Krishna, elles sont l'exemple même de l'amour le plus intense pour Dieu.

**Jivanmukti** : Libération reçue de son vivant, en restant dans le corps physique.

**Jiva** ou **jivatma** : L'âme individuelle. Selon l'Advaita Védanta, le jivatma est, non pas une âme individuelle limitée ou séparée, mais identique à Brahman à qui il est uni. Brahman est appelé aussi Paramatma, l'Âme Suprême Unique qui constitue la cause matérielle et intelligente de l'univers.

**Jnana** : La Connaissance.

**Jnani** : Celui ou celle qui a réalisé Dieu ou le Soi. Celui ou celle qui connaît la Vérité.

**Kauravas** : Les cent fils du roi Dhritarashtra et de la reine Gandhari dont l'injuste Duryodhana était l'aîné. Les Kauravas étaient les ennemis de leurs cousins, les vertueux Pandavas, contre qui ils se sont battus lors de la guerre du Mahabharata.

**Mahabharata** : L'une des deux grandes épopées de l'histoire indienne, la deuxième étant le Ramayana. C'est un grand traité sur le dharma qui raconte principalement l'histoire du conflit des vertueux Pandavas aux prises avec les iniques Kauravas et la bataille de Kurukshetra. Avec ses cent mille vers, il s'agit du plus long poème épique au monde écrit environ 3 200 ans avant J.C. par le sage Véda Vyasa.

**Mahatma** : Littéralement : « Grande âme ». De nos jours, on donne à ce terme un sens plus large, mais dans cet ouvrage, mahatma représente celui qui est établi dans la conscience de son unité avec le Soi Universel (ou Atman).

**Mata Amritanandamayi Dévi** : Nom monastique officiel d'Amma qui signifie « Mère de la béatitude immortelle », souvent précédé de Sri pour exprimer son caractère auspicieux.

**Mata Amritanandamayi Math ( MAM )** : L'organisation spirituelle et humanitaire d'Amma. Les œuvres caritatives du MAM abolissent toutes les barrières de nationalités, de races, de castes ou de religions et ont attiré l'attention de la communauté internationale. En 2005, l'O.N.U. a donné au MAM un Statut Spécial de Consultant en reconnaissance de l'ampleur de son oeuvre humanitaire et des opérations de secours qui ont été menées à la suite de catastrophes naturelles.

**Maya** : Illusion. Selon l'Advaita Védanta, c'est à cause de Maya que le jivatman commet l'erreur de s'identifier au corps, au mental et à l'intellect, et non pas au Paramatman qui est sa véritable identité.

**Mithya** : Changeant, et donc impermanent. Également illusoire, faux. Selon le Védanta, le monde visible dans son ensemble est mithya.

**Onam** : Le festival des récoltes au Kérala, en souvenir d'une époque dorée durant laquelle, sous le règne de Mahabali, les gens vivaient en parfaite harmonie.

**Pandavas** : Les cinq fils du Roi Pandu, héros de l'épopée du Mahabharata.

**Paramatma** : L'Être Suprême.

**Prasad** : Offrande ou don béni, souvent sous forme de nourriture, provenant d'un saint ou d'un temple.

**Puja** : Rituel au cours duquel on vénère une déité.

**Puranas** : Rassemblant des exemples concrets, des mythes, des histoires, des légendes, la biographie de saints, de rois, d'hommes et de femmes extraordinaires, des allégories et des chroniques d'événements historiques importants, les Puranas visent à mettre les enseignements des Védas à la portée de tous.

**Rishi** : Sage ayant réalisé le Soi et qui a la faculté de percevoir les mantras pendant sa méditation.

**Samadhi** : Unité avec Dieu. État transcendantal dans lequel on perd tout sens d'identité individuelle.

**Samsara** : Cycle des naissances et des morts.

**Sanatana Dharma** : « L'éternel art de vivre. » Nom originel de l'hindouisme.

**Satsang** : Être en communion avec la Vérité Suprême. Également, être en compagnie de mahatmas, assister à une conférence spirituelle, participer à un débat spirituel, ou faire des pratiques spirituelles en groupe.

**Unniappam** : beignet sucré traditionnel du Kérala.

**Védanta** : « La fin des Védas. » Cela fait référence aux Upanishads qui traitent de Brahman, la Réalité Suprême et de la voie qui mène à la réalisation de cette Vérité.

www.ingramcontent.com/pod-product-compliance
Lightning Source LLC
LaVergne TN
LVHW051734080426
835511LV00018B/3054